DIE STÄRKE DEINE ANGST

DEINE ÄNGSTE NUTZEN, UM DICH ÜBER DIE MITTELMÄSSIGKEIT ZU ERHEBEN UND DEINE SELBSTZWEIFEL IN EINEN ZUVERSICHTLICHEN AKTIONSPLAN ZU VERWANDELN

GERMAN EDITION

SCOTT ALLAN

Stärke deine

Angst

Deine Ängste nutzen, um dich über die Mittelmäßigkeit zu erheben und deine Selbstzweifel in einen zuversichtlichen Aktionsplan zu verwandeln

Weitere Bestsellertitel von Scott Allan

Sieh dir hier die komplette Sammlung von Büchern und Schulungen an:

www.scottallanbooks.com

Stärke deine Angst

DEINE ÄNGSTE NUTZEN, UM DICH ÜBER DIE MITTELMÄßIGKEIT ZU ERHEBEN UND DEINE SELBSTZWEIFEL IN EINEN ZUVERSICHTLICHEN AKTIONSPLAN ZU VERWANDELN

Scott Allan

STÄRKE DEINE ANGST

www.scottallanbooks.com

INHALT

"Was auch immer du tust, du brauchst Mut. Für welchen Weg du dich auch entscheidest, es gibt immer jemanden, der dir sagt, dass du falsch liegst. Es tauchen immer wieder Schwierigkeiten auf, die dich dazu verleiten, deinen Kritikern Recht zu geben. Sich einen Weg zu bahnen und ihn bis zum Ende zu verfolgen, erfordert denselben Mut, den auch ein Soldat braucht. Der Frieden hat seine Siege, aber es braucht mutige Männer und Frauen, um ihn zu erringen.

- Ralph Waldo Emerson

EINFÜHRUNG

Ich weiß, was dir Angst macht

"Setze dich deiner tiefsten Angst aus; dann hat die Angst keine Macht mehr, und die Angst vor der Freiheit schrumpft und verschwindet.
Du bist frei."

- Jim Morrison

Als Kind hatte ich ab meinem sechsten Lebensjahr etwa zwei Jahre lang diesen wiederkehrenden Albtraum.

Der Traum begann immer auf die gleiche Weise. Ich lag im Bett und wachte auf, als es von draußen an mein Fenster klopfte. Es gab ein Fenster über meinem Bett, und wenn ich nachts hochschaute, konnte ich immer die Sterne sehen.

Aber als es zum ersten Mal klopfte und ich zum Fenster hinaufschaute, wurden die Sterne durch das weiße, emotionslose Gesicht eines alten Mannes ersetzt, der mich aus tief glühenden roten Augen anstarrte.

Die ersten paar Male sah er mich nur mit einem blassen, leeren Blick an. Wenn die Träume anfingen, versteckte ich mich einfach unter der Decke, bis ich aufwachte, was ich nur schaffte, wenn ich richtig laut schrie.

Das Klopfen war das Beunruhigendste. Als ich den Traum das erste Mal hatte, dachte ich, er sei real. Weißt du, wie ein falsches Erwachen? So war es auch hier. Wenn man sechs Jahre alt ist, weiß man nicht, was real ist und was nicht; als Kinder haben wir alle Angst vor dem Butzemann. Ich traf meinen mindestens zweimal im Monat, wenn er an mein Schlafzimmerfenster klopfte.

Mit jedem Traum eskalierte die Situation. Das Klopfen wurde lauter und die Angst, die ich verspürte, wurde intensiver. Am Anfang war es nur sein Gesicht, das mich stumm anstarrte. Nach einigen Monaten begann er etwas zu sagen, aber bei geschlossenem Fenster bewegten sich seine Lippen nur auf und ab.

Als es eines Nachts wieder klopfte, schloss ich die Augen und wartete darauf, dass es aufhörte, nur dieses Mal konnte ich seine Stimme hören, die trocken und knisternd von draußen kam. Sie sagte: "Ich weiß, dass du Angst hast. Lass mich rein. Öffne das Fenster. Lass mich rein."

Es war wie ein schlechter Stephen-King-Roman.

Lass mich rein.

Auf keinen Fall.

Diese Träume dauerten wahrscheinlich nur Sekunden, aber sie hätten genauso gut Stunden dauern können.

Ich erzählte meinen Eltern von dem Traum, und wenn ich zu viel Angst hatte, um allein zu schlafen, blieb ich bei ihnen. Meine Mutter sagte schließlich zu mir: "Du solltest ihn einfach reinlassen. Lass den Mann rein." Wir nannten ihn den Mann, weil er keinen anderen Namen hatte. Er war einfach ein Monster mit weißer Haut, roten Augen und schlechten Zähnen. Ich konnte nicht glauben, dass meine Mutter vorschlug, ich solle das Monster in mein Zimmer lassen. Das war die schrecklichste Idee, die ich je gehört hatte.

In dieser Nacht schlief ich ein und wachte durch das Klopfen am Fenster auf; noch heute habe ich den Traum vor Augen, als wäre er letzte Woche gewesen. Ich erinnere mich, dass ich meine Augen schloss und hoffte, dass alles wieder verschwinden würde, aber dann erinnerte ich mich an die Worte meiner Mutter: *Lass ihn herein.*

Ich musste eine Entscheidung treffen: Verängstigt bleiben oder etwas tun.

Also tat ich es. In meinem Traum stieg ich aus dem Bett und sah mich dem Monster am Fenster gegenüber; dieses leere weiße Gesicht starrte mich mit diesen dunklen Augen an, rot und geschwollen und voller Hass. Sein Mund bewegte sich, und ich konnte nicht hören, was er sagte, aber ich konnte diese ausgedörrten Lippen lesen. Sie sagten: "Lass mich rein."

Ich griff nach oben und löste den Riegel des Fensters. Ich öffnete es und lud das Monster in meine Welt ein.

Und der Traum endete.

Nach dieser Nacht hatte ich ihn nie wieder. Es gab kein Klopfen mehr und auch keine Geistererscheinung am Fenster. Im Laufe der Jahre hatte ich viele andere Albträume, aber der Mann am Fenster war verschwunden.

Für immer.

Ich hatte eine meiner größten Kindheitsängste besiegt, indem ich die Angst zuließ.

Stephen King wäre stolz.

Umarmung deiner Angst

Wenn es dir schwerfällt, mit der Angst in deinem Leben umzugehen, ist es an der Zeit, die Angst hereinzulassen. Indem du dich auf das einlässt, was dir Angst macht, und deine Angst auf eine Weise stärkst, die dich motiviert. Anstatt deine Hilflosigkeit zu nähren, kannst du die Gewohnheit entwickeln, direkt gegen die Angst vorzugehen.

Unser Instinkt besteht darin, vor Dingen, die uns Angst machen, wegzulaufen, unsere Albträume zu verbergen und so zu tun, als ob sie nicht existierten. Wie der schwarze Mann, der in meinen Träumen als Kind auftauchte, versteckte ich mich unter der Bettdecke und betete, dass er verschwinden möge.

Als Erwachsene haben wir immer noch Angst vor der Dunkelheit, und die Situationen, mit denen wir in unserem Leben konfrontiert werden, können oft mit einem Alptraum verglichen werden: Wir werden mit unseren Schwächen konfrontiert, werden zurückgewiesen, haben finanzielle Schwierigkeiten oder müssen einen schwierigen Übergang durchlaufen.

Wenn die Angst dich davon abgehalten hat, dich weiterzuentwickeln, ist es an der Zeit, aus der Deckung zu kommen und dich diesen Dämonen zu stellen. Wenn du den Mut dazu aufbringst, wirst du feststellen, dass die Angst immer auf ihrem Höhepunkt ist, bevor sie konfrontiert wird.

Hier sind **fünf Wahrheiten, die** ich über die Angst gelernt habe:

1. Die Angst ist nicht so schlimm, wie du denkst.

2. Die Angst wird nicht verschwinden, bis du dich mit ihr auseinandersetzt.

3. Du wirst immer etwas befürchten.

4. Alle anderen haben auch Angst.

5. 99 % deiner Ängste sind Illusionen.

Wir alle haben verschiedene Ängste. Unabhängig davon, um welche Ängste es sich handelt, konzentriert sich dieses Buch nicht auf eine bestimmte Angst, sondern gibt dir einen Aktionsplan, den du mit Zuversicht umsetzen kannst. Du kannst dich auf das einlassen, was dir Angst macht, wie der Mann an meinem Fenster, und tief durchatmen, um deine Ängste zuzulassen, damit du dich mit ihnen auseinandersetzen und in deinem Leben vorankommen kannst. Wenn du das tust, wird es dir unendlich viel Kraft geben.

Die Vermeidung unserer Ängste ist der Hauptgrund dafür, dass wir in alten Routinen, langweiligen Jobs, ungesunden Beziehungen und schlechten Verhaltensweisen gefangen bleiben, die immer schlimmer werden, je älter wir werden.

Indem wir uns dem stellen, was uns am meisten Angst macht, werden wir befähigt, uns zu erheben und viel stärker zu werden, als wir es uns je vorgestellt haben. Wenn wir uns genau überlegen, was wir tun werden, um unsere Ängste abzubauen, verliert die Angst sofort ihre Macht über uns.

Lass die Angst herein

Kannst du dir vorstellen, wie es wäre, wenn du jeden Tag ohne Selbstzweifel angehen könntest? Was könntest du erreichen und wovon träumst du, wenn die Angst dich nicht daran hindern würde, etwas zu tun? Was wäre, wenn wir einen Zauberstab schwingen und alle Ängste und Selbstzweifel sofort aus unserem Leben entfernen könnten?

Was wäre, wenn es einen Weg gäbe, die Dinge zu tun, die du liebst, ohne dir Sorgen über die Ergebnisse oder das Endergebnis zu machen, das in einer Katastrophe endet? Was würdest du heute mit deinem Leben anfangen, wenn du keine Angst vor Geld hättest, dumm dazustehen, um etwas zu bitten oder deine schlechte Morgenroutine zu ändern?

Die Angst kontrolliert unser Leben auf so viele Arten. Sie ist immer da, nicht wahr? Wenn du plötzlich eine Entscheidung treffen musst und nicht sicher bist, ob sie richtig oder falsch ist? Wenn du hörst, dass dein Unternehmen Leute entlässt, und du denkst, du könntest der Nächste sein? Wenn die Person deiner Träume eines Tages plötzlich auftaucht und dir mitteilt, dass es vorbei ist, und du ganz allein dastehst? Wenn du mit Krankheit oder Tod konfrontiert bist? Wenn du in der Lage bist, alles zu verlieren, wofür du gearbeitet hast?

"Die Angst ist die Hauptquelle des Aberglaubens und eine der Hauptquellen der Grausamkeit. Die Angst zu überwinden ist der Beginn der Weisheit."

- Bertrand Russell

Die Angst ist überall. Sie lebt "da draußen" und sie lebt in uns. Wenn es nach ihr geht, wird diese Angst mit der Zeit immer stärker und haftet an unseren Gedanken wie Klebstoff. Wenn unsere Gedanken erst einmal von einer bestimmten Angst korrumpiert sind, geben wir ihr immer wieder nach.

Unsere Angst wird größer, als wir es uns vorstellen können, bis wir uns mit ihr auseinandergesetzt haben. Ich weiß, dass Menschen die meiste Zeit ihres Lebens Angst davor hatten, die Dinge zu tun, die sie tun wollten, weil der Gedanke, sich dem zu stellen, was ihnen Angst macht, einfach zu viel war. Sie haben versagt, weil sie der Angst den Sieg überlassen haben.

Wenn wir schmerzhafte Situationen im Leben vermeiden, indem wir so tun, als gäbe es die Angst nicht, wird sie nur noch stärker. Ich habe dieses Buch geschrieben, um Menschen dabei zu helfen, ihre persönliche Kraft zu entdecken und das zu erreichen, wozu sie bestimmt sind.

Der Zweck dieses Buches ist es, dir die Werkzeuge und Ressourcen an die Hand zu geben, um dich zu wehren, nicht aufzugeben und die Dinge zu tun, die du schon immer tun wolltest, ohne Angst zu haben, zu scheitern oder durch das Denken in Knappheit zurückgehalten zu werden. In diesem Buch zeige ich dir, wie ich es schaffe, meine Angst zu kontrollieren, und wie du das auch kannst. Du wirst überrascht sein, dass sie nicht so überwältigend ist, wie du denkst. Ganz gleich, mit welchen Problemen du dich in deiner "dunklen Seite" herumschlägst, du kannst dich damit trösten, dass Millionen von

Menschen auf der ganzen Welt jeden Tag Dinge tun, vor denen sie sich früher zu Tode gefürchtet haben.

Für viele ist es eine Schande, Angst zu haben. Wir denken, dass die Angst vor der Dunkelheit etwas für Kinder ist. Aber die Wahrheit ist, dass wir alle immer noch Angst vor der Dunkelheit haben, nicht wahr? Nur ist die Dunkelheit zu unserem Leben geworden, und die Monster sind all die Menschen und Institutionen, die unser Leben kontrollieren. Wir haben Angst vor dem Leben, und das ist die schlimmste Angst von allen geworden.

Vielleicht hast du in diesen Bereichen schon einmal Angst erlebt:

- Der erste Tag an einem neuen Arbeitsplatz
- Suche nach einer neuen Arbeitsstelle/Einstellungsgespräche
- In einem Job arbeiten, den du hasst und aus dem du rauswillst
- Die Verantwortung für etwas übernehmen, das man getan hat
- Harte Entscheidungen treffen
- Allein im Ruhestand

- Erziehung der Kinder
- Menschen zu verlieren, die man liebt
- Deine finanzielle Zukunft selbst in die Hand nehmen
- Die Unordnung in deinem Haus sehen und dich überwältigt fühlen
- Sich hilflos fühlen, wenn dein Kind ein Problem hat
- Zum ersten Mal in deinem Leben allein sein
- Aus einer Beziehung aussteigen wollen, sich aber gefangen fühlen
- Besuch im Krankenhaus wegen eines Gesundheitsproblems
- Man wird gebeten, etwas zu tun, womit man noch nie Erfahrung hatte
- Eine Rede oder Präsentation vor 200 Personen halten

Der Fehler, den viele Menschen im Umgang mit der Angst machen, besteht darin, dass wir nach Möglichkeiten suchen, sie unter den Teppich zu kehren. Aus den Augen, aus dem Sinn. Seien wir ehrlich: Sich unseren Ängsten zu stellen, ist schwierig. Wenn wir es könnten, wäre es dann nicht besser, sie einfach wegzuwünschen, damit wir uns nie damit auseinandersetzen müssen?

Viele Jahre lang bin ich so mit vielen meiner Probleme umgegangen. Ich schob sie vor mir her oder lenkte mich absichtlich mit etwas anderem ab, damit ich an nichts mehr denken musste. Das funktioniert vorübergehend, aber auf lange Sicht werden die Dinge, mit denen man sich nicht befasst, irgendwann auf ihre eigene Weise mit *einem fertig*.

Stärke deine Angst konzentriert sich auf reale Lösungen, die du anwenden kannst, um langfristige Ergebnisse zu erzielen, die Bestand haben. In diesem Buch lernst du, tiefgreifende Strategien zu entwickeln, um die Angst zu stärken, wenn sie dich in der Falle hält. Du lernst, die Kraft und den Antrieb zu nutzen, die du hast, um deine Gedanken und Energie in einfache Aufgaben zu lenken, die deine angstbasierte Denkweise abbauen.

Die meisten Menschen assoziieren ihre Ängste mit ihrer Selbstidentität. Wenn ich Angst habe, muss ich ein Feigling oder schwach sein. Das ist aber nicht der Fall. Wir haben einfach nicht die Fähigkeiten entwickelt, um mit vielen Situationen des Lebens umzugehen. Unsere

Ängste sind erlernte Reaktionen, die wir entwickelt haben, indem wir anderen zugehört und beobachtet haben, wie sie mit ihren eigenen Ängsten im Leben umgehen.

Du bist NICHT deine Angst. Du bist eine ängstliche Person, die darauf trainiert wurde, das zu fürchten, was du nicht kontrollieren kannst. Du erlebst Angst, aber sie ist nicht das, was du bist. Du kannst dich über alle Umstände erheben, die dich davon abhalten, dein größtes Potenzial zu erreichen, zu übertreffen und deine ultimativen Ziele zu erreichen.

Unsere Ängste erscheinen nur deshalb überlebensgroß, weil unsere Ziele und Träume es nicht sind. Wenn du zu einem selbstbestimmten Lebensstil übergehst, wirst du nicht einmal mehr darüber nachdenken, wie viel Angst du hast. Angst löst sich auf, wenn wir mit Mut handeln.

Man muss seine Angst als Verbündeten und Begleiter betrachten und nicht als das Monster unter dem Bett, vor dem man weglaufen will. Wie das Monster, das mich als Kind in meinen Träumen verfolgte, wollte es nur, dass ich es hereinlasse.

Du kannst dasselbe tun. Lass sie herein und nimm sie an. Wenn du deine Angst stärkst, indem du sie akzeptierst und anerkennst, dass sie existiert, gewinnst du die Oberhand und übernimmst wieder die Kontrolle über dein Leben. Anstatt dich körperlich erschöpft und emotional ausgelaugt zu fühlen, wirst du energiegeladen, selbstbewusst und durchsetzungsfähig.

Deine Gedanken haben eine unglaubliche Macht und sind der Schlüssel, um deine Ängste auf allen Ebenen abzubauen. Lerne, deine Gedanken über Ängste zu beherrschen, und die Schlacht ist halb gewonnen. Die Angst, die du hast, gehört dir. Niemand sonst hat sie dir gegeben.

Die Übernahme der Verantwortung für deine Situation ist der erste große Schritt zur Beherrschung der Angst. Sobald du erkennen und akzeptieren kannst, dass du deine Angst selbst erschaffen hast, findet ein Paradigmenwechsel in der Art und Weise statt, wie du dich mit deinem angstbasierten Zentrum identifizierst (mehr dazu später).

Du kannst deine Begrenzungen überwinden, die dir die Angst auferlegt. Du wirst nur durch ängstliche Überzeugungen begrenzt. Das Ausmaß deiner Angst steht in direktem Zusammenhang mit der Menge an

Selbstzweifeln, Sorgen, Ängsten und einer Vielzahl negativer Emotionen, die du in dir trägst.

Die gute Nachricht ist, dass du dich nicht zuerst mit deiner größten Angst befassen musst. Du musst auch nicht alle deine Ängste auf einmal in Angriff nehmen. Wähle einfach die eine Sache aus, die dich feststecken lässt, und beginne mit einem kleinen Handlungsschritt in diese Richtung. Dieser Schritt kann alles Mögliche sein.

Vielleicht musst du mit jemandem über ein wichtiges Thema sprechen, und die Angst, diese Person anzusprechen, veranlasst dich dazu, es aufzuschieben. Es könnte etwas so Einfaches sein wie das Ausfüllen eines Bewerbungsformulars oder das Erstellen einer Checkliste mit Maßnahmen für ein Ziel, an dem du arbeiten möchtest. Du hast vielleicht Angst vor diesem ersten Schritt, aber er ist eine der größten Hürden. Eine kleine Maßnahme wird zu mehr führen.

Für wen ist dieses Buch gedacht?

Stärke deine Angst konzentriert sich darauf, dir die Taktik und das Selbstvertrauen zu vermitteln, um ängstliche Situationen zu meistern. Indem du deine Hebelwirkung nutzt, Selbstzweifel und Sorgen beseitigst und positive Maßnahmen ergreifst, kannst du dich darauf einstellen, alles zu bewältigen. Es gibt nichts, was wir nicht reparieren könnten.

Das Blatt, das du hast, wurde dir zugeteilt, und du kannst es spielen, wie du willst. Wir sind für unser Leben selbst verantwortlich, und wenn wir das erkennen, sind wir auch für unsere Ängste verantwortlich. Diese Erkenntnis befähigt dich, etwas dagegen zu tun.

Ich verspreche dir, dass du nach der Lektüre dieses Buches in der Lage sein wirst, deine Angst in Furchtlosigkeit, Selbstzweifel in Selbstvertrauen und emotionale Lähmung in umsetzbare Schritte umzuwandeln. Du wirst entdecken, dass die Dinge, die dir Angst machen, dich in Wirklichkeit dazu auffordern, mehr zu tun.

Was auch immer du fürchtest zu tun, versucht in Wirklichkeit, dir mitzuteilen und dich zu ermutigen, mit deinen Zielen und Träumen voranzukommen und emotionale Lähmung in einen Aktionsplan zu verwandeln. Du lernst Taktiken, um die Stimmen, die dich gefangen halten, loszuwerden und den Mut und das Selbstwertgefühl zu entwickeln, die dich dazu befähigen, kraftvolle Entscheidungen mit lebensverändernden Ergebnissen zu treffen.

Erzähl mir von deinem Angstmonster

Am Anfang dieses Buches habe ich dir meine Geschichte von dem Monster vor meinem Fenster erzählt. Was ist nun *Dein* Angstmonster? Wovor hast du Angst und was traust du dir noch nicht zu? Wovor hast du mehr Angst als vor allem anderen? Wovor fühlst du dich wie gelähmt und unfähig zu denken?

Einige häufige Ängste sind:

- Änderungen
- Bewerbung um eine neue Stelle
- Neue Leute kennenlernen und Kontakte knüpfen
- Ausbruch aus einem hoffnungslosen Trott
- Eine schlechte Angewohnheit ändern
- Ablehnung
- Ein Buch *schreiben/nicht* schreiben
- Sprechen in der Öffentlichkeit / dumm aussehen vor einer Gruppe von Fremden
- Eine Prüfung *ablegen/nicht* ablegen

- Deinen Vorgesetzten um etwas bitten, z. B. um Urlaub
- Deinen Job kündigen (Du weißt schon, den, zu dem du ungern gehst?)
- Konkurs

Was würdest du jetzt tun, wenn du überhaupt keine Angst hättest? Als ich mir diese Fragen vor Jahren gestellt habe, habe ich alles in ein Tagebuch geschrieben.

Wenn du es dir noch nicht zur Gewohnheit gemacht hast, ein Tagebuch zu führen, in dem du deine Gedanken und Ideen festhältst, würde ich vorschlagen, dies von heute an zur täglichen Gewohnheit zu machen. Das schafft Klarheit und festigt deinen Auftrag.

Ich habe festgestellt, dass ich allein durch das Aufschreiben meiner Ängste, Sorgen und Schmerzpunkte und dadurch, dass ich diese Emotionen an die Oberfläche brachte, indem ich ehrlich aufschrieb, wie ich mich fühlte, in der Lage war, sie mit größerer Klarheit zu erkennen.

Erstelle deine "Angst-Liste"

Hier ist eine einfache Übung, um sich aufzuwärmen: Erstelle eine Liste der Ängste, die du hast. Nimm dir dabei etwas Zeit. Mach dir keine Gedanken darüber, wie albern sie erscheinen mögen. Niemand außer dir muss diese Liste sehen. Stelle dir zu jeder Angst Interviewfragen: Warum habe ich Angst davor? Was würde passieren, wenn diese Angst Wirklichkeit wird? Was könnte passieren, wenn ich nichts tue? Was könnte passieren, wenn ich etwas tue? Warum laufe ich davor weg und vermeide die Situation?

Erstelle eine Liste von Fragen und geh der Wahrheit auf den Grund. Diese Übung, die du jeden Tag durchführst, wird deine Gedanken aus der Trance reißen. Wenn wir ein ängstliches Leben führen und unangenehme Dinge vermeiden, schalten unsere Gedanken bei diesem Thema ab.

Angstvermeidung ist der Hauptgrund dafür, dass unsere Ängste die Oberhand gewinnen. Indem du deine Ängste hinterfragst, bringst du diese unangenehmen Gefühle an die Oberfläche. Von dort aus kannst du sie untersuchen, befragen und bewusst handeln, wenn du es wünschst.

Die meisten Menschen spüren die Angst, aber das war's auch schon. Sie werden überwältigt. Dann werden ihre Aktionen zu Reaktionen. Ihr erster Instinkt ist es, zu fliehen, sich zu verstecken oder sich mit etwas anderem zu beschäftigen. Wenn sie ihre Ängste hinterfragen, verlieren sie ihre Macht. Wenn sie das "Warum" erkennen können, werden die Lösungen offensichtlich. Dann können sie an Aktionsschritten arbeiten, die sie dazu bringen, die Angst zu bewältigen.

Sobald du das "Warum" kennst, überlege dir drei einfache Schritte, die du tun könntest, um dich auf die Angst zuzubewegen. Wenn du dich auf die Angst zubewegst, anstatt vor ihr wegzulaufen, überbrückst du die Kluft zwischen dem, wovor du Angst hast, und dem, was dein größter Sieg wird.

Du musst herausfinden, was die Angst ist, warum du sie hast, und dann deine "Was wäre wenn?"-Strategie entwickeln.

Unsere Ängste sind nur so groß, wie wir sie uns vorstellen. Wenn du ignorierst, was dir Angst macht, wird die Angst immer da sein. Sie wird dich mit Schuldgefühlen erfüllen und dich lähmen. Du wirst dich selbst dafür kritisieren, dass du nichts unternimmst oder den Mut hast, etwas zu tun.

Das macht es nur noch schlimmer. Mach dir keine Vorwürfe, weil du Angst hast. Wir haben alle Angst. Auch du wirst immer Angst haben. Immer, wenn du dich aus deiner Komfortzone herausbewegst (also etwas anderes tust), wartet die Angst auf dich. Das ist gut so. Lass dich von ihr zurückdrängen. Du schiebst auch zurück und kletterst hindurch, um auf die andere Seite zu gelangen. Du wirst deine Ängste nur überwinden, wenn du lernst, die Tür selbst zu öffnen, um zu sehen, was dahinter liegt. Niemand kann deine Lebensentscheidungen treffen. Das kannst nur du.

Erinnere dich: **Wir haben alle Angst**.

Bist du bereit, die Angst hereinzulassen?

Bist du bereit, ein furchtloses Leben zu führen und deine Ängste zu überwinden, um jede Herausforderung zu meistern?

Es gibt keine Zeit zu verlieren.

Es wird Zeit, dass du dein Leben lebst und das tust, was wirklich wichtig ist.

Das Leben ist dazu da, in Erfüllung und Glück zu leben und nicht in ängstlichen Zuständen der Hilflosigkeit.

Blättern wir also um und fangen wir an.

KAPITEL 1

Veränderung der Denkweise: Von der Angst zur Machtkonzentratin

" Eine der großen Entdeckungen, die ein Mann machen kann, eine seiner großen Überraschungen besteht darin, zu entdecken, dass er das tun kann, was er fürchtete, er könnte es nicht tun."

- Henry Ford

In diesem Kapitel zeige ich dir zwei Denkweisen, die diese beschreiben:

1. Wie wir in einem Zustand der Angst leben, und;
2. Wie wir uns in einen positiven Zustand versetzen und dadurch gestärkt werden

Diese beiden Denkweisen sind: die **angstbasierte Denkweise** und die **machtzentrierte Denkweise**.

Die auf Angst basierende Denkweise

Ich möchte, dass du dir dein "Mentalitätszentrum" als in zwei Hälften geteilt vorstellst. Das eine Zentrum ist der Ort, an dem wir Angst erzeugen. Das ist das Zentrum, das wir sofort anzapfen, wenn wir plötzlich vor eine neue Herausforderung gestellt werden. Vielleicht hast du Angst, in der Öffentlichkeit zu sprechen, oder du hast gerade nach deinem fünften Vorstellungsgespräch eine Absage erhalten.

Wenn wir ängstlich und voller negativer oder ängstlicher Emotionen sind, wie Zweifel, Sorgen, Ängste, Hilflosigkeit oder Depressionen, steckt unser Geist im Angstzentrum fest. Menschen, die ihre geistige Energie in diesem Geisteszustand aufwenden, sind anfälliger für körperliche und geistige Krankheiten, Depressionen, Negativität oder Angstparalyse.

In diesem Zustand können sie sich verwirrt, verängstigt und wütend auf sich selbst fühlen, weil sie nicht wissen, wie sie mit den Problemen des Lebens umgehen sollen, nicht einmal auf der grundlegendsten Ebene. Sie fühlen sich wie gelähmt, wenn es darum geht, etwas gegen ihre Situation zu unternehmen, und haben Mühe, eine positive Lösung für ihre Probleme zu finden.

Wenn wir versuchen, in dieser Denkweise zu leben und zu funktionieren, bringt uns das in einen Zustand tiefen Leidens. Wir machen uns viele Sorgen um die Zukunft; wir leben in einem Denken des Mangels und glauben, dass die Herausforderungen des Lebens darauf ausgerichtet sind, uns zu besiegen.

Es kann sein, dass wir eine Menge Energie darauf verwenden, ängstliche Situationen zu vermeiden: Beziehungen, die wehtun, Veränderungen, die wir nicht durchführen wollen, selbst wenn es das Beste ist, oder der Wechsel in eine neue Position, die mehr Verantwortung erfordert. Was auch immer die Angst ist, sie beginnt an dieser Stelle: Die angstbasierte Denkweise.

Angstbasierte Center-Identifikatoren

- Eine unentschlossene, übermäßige Besessenheit von einem misslungenen Ergebnis
- Die Bequemlichkeit des Nichtstuns vorziehen und in einem Trott verharren - auch wenn dies emotionalen Schmerz verursacht
- Momente der Hilflosigkeit und Angst in lebensverändernden Momenten
- Voller Selbstzweifel sein

- Angst vor dem Scheitern haben und es in den meisten Situationen erwarten
- Fokussierung auf vergangene Misserfolge und Fehler; Angst vor der Zukunft, weil sie weitere schmerzhafte Ereignisse bringen wird
- Sich die schlimmstmöglichen Folgen ausmalen
- Entscheidungen auf der Grundlage begrenzter Referenzen treffen
- Der Glaube, dass Grenzen durch äußere Umstände auferlegt werden
- Sich ablenken lassen, um Problemen oder Herausforderungen zu entgehen
- Mit einem "ängstlichen" Stamm befreundet sein
- Gefühle der Hilflosigkeit
- Einnahme von Giften zur Betäubung des emotionalen Schmerzes, der die Angst verursacht
- Viel Stress durch Sorgen über zukünftige Ereignisse, die noch nicht eingetreten sind

- Der Glaube, dass die Vergangenheit die Zukunft ist

- Risiken vermeiden, um nicht abgelehnt zu werden

Dein angstbasiertes Zentrum ist mächtig. Du hast Gedanken, Gewohnheiten und Überzeugungen, die so geformt und gestaltet wurden, dass sie auf deine ängstlichen Instinkte reagieren. Das Angstmodell repräsentiert die Denkweise von jemandem, der in einem angstvollen Zustand lebt.

Wie du sehen kannst, sind deine Möglichkeiten begrenzt; du hältst dich an eine Routine - auch wenn diese schädlich ist. Es fehlt dir an Selbstvertrauen und du bist voller Selbstzweifel. Diese Emotionen schaffen ein Vakuum der Angst. Die Stimmen der Angst halten dich in deiner eigenen Hölle gefangen.

Hier sind einige Beispiele:

- Du könntest in einem Job feststecken, den du hasst, aber zu viel Angst hast, ihn zu wechseln.

- Du könntest in einer Beziehung sein, die scheiße ist, aber es ist zu schmerzhaft, sie zu verlassen.

- Vielleicht hast du Angst vor Ablehnung, aber du bist zu ängstlich, um etwas dagegen zu unternehmen.
- Vielleicht hast du Angst vor Formularen und Papierkram, sodass dein Büro einem Katastrophengebiet gleicht.
- Vielleicht hältst du dich beim Geben zurück, weil du Angst hast, das zu verlieren, was du verschenkst.

Ich weiß, wie du dich fühlst. Die Angst ist es, die mein Leben auf ein mittelmäßiges Leben beschränkt hat. Ich war in den meisten Bereichen meines Lebens ängstlich. Es gibt nichts Schlimmeres, als zu wissen, dass man ein großes Potenzial hat, alles zu tun, was man will, und sich hilflos zu fühlen, etwas dagegen zu tun. Es ist, als hätte man die Schlüssel zu seinem eigenen magischen Königreich und könnte die richtige Tür einfach nicht öffnen.

Machtzentrierte Denkweise

Hohes Selbstvertrauen, Selbstwertgefühl, positives Denken und ein entspannter Geisteszustand sind in der machtzentrierten Denkweise zu finden. Wenn du Optimismus und diese "Geh da raus und tu es"-Einstellung erlebst, versuchst du etwas zu erreichen und kannst von einem Ort aus funktionieren, der mit positiver Energie gefüllt ist.

Wenn du den größten Teil deiner Zeit in diesem Bereich verbringen kannst, wirst du entspannter sein, mehr Energie haben und dein Leben mehr genießen, weil du weißt, dass du dich in eine klare Richtung bewegst. Du bist in der Lage, klare Entscheidungen zu treffen und dich mit den richtigen Menschen zu verbinden, um deine sozialen Interaktionen zu verbessern. Du wirst dir keine Sorgen um die Zukunft machen; du wirst zu sehr damit beschäftigt sein, sie zu gestalten.

Dein machtbasiertes Zentrum ist ein Leben, das von Selbstvertrauen, hohem Selbstwertgefühl, Zielerreichung, dem Eingehen gesunder Risiken und der Übernahme von Verantwortung für dein Handeln und dein Leben geprägt ist. In diesem positiven Zentrum ist das Leben gut und hat einen klaren Sinn und ein festes Ziel. Wir alle wollen an diesem Ort sein, um erfolgreich zu sein, unsere Komfortzone (d. h. unser geistiges Gefängnis) zu überwinden und das Leben in vollen Zügen zu genießen.

Warum also ist es so schwer, an diesen Ort zu gelangen, dort zu bleiben und stark und frei von Angst zu bleiben?

Wann immer du dich in einer Situation befindest, die dich herausfordert, etwas Neues auszuprobieren oder auf eine Weise zu handeln, die du noch nie zuvor getan hast, erlebst du Angst. Das ist gut so. Angst vor etwas zu haben, ist der erste Schritt, um es zu bewältigen.

Wie oft hast du Angst vor etwas, das du schon hundertmal gemacht hast? Wenn du herausgefordert wirst, über dich selbst hinauszuwachsen, ändert sich die Dynamik. Du löst emotionale Ängste aus. Du stellst deinen Verstand infrage. Das erzeugt Panik. Du hältst inne und fragst dich: "Was ist hier los? Heute Morgen war ich noch so selbstbewusst und voller Selbstvertrauen, jetzt zittere ich vor Angst.

Wenn wir mehr Kontrolle über unsere Lebensstilentscheidungen erlangen wollen, müssen wir uns den Dingen stellen, die sich unter der Oberfläche unseres ängstlichen Lebens verbergen. All dies gedeiht in der angstbasierten Denkweise. Dort erleben wir die Energie der Angst.

Wenn wir uns von dieser angstbasierten Kontrolle lösen und Schritte in Richtung einer machtbasierten Denkweise unternehmen können, sind unsere Gedanken klarer. Wir sind mit uns selbst im Reinen. Ängste und Sorgen verschwinden im Nichts.

Das ist dein grundlegendes Ziel: eine kraftzentrierte Denkweise zu entwickeln, die dein Leben gestaltet, deine Ziele definiert und dein Selbstvertrauen stärkt. Menschen, die sich auf diesen Bereich konzentrieren, sind besser in der Lage, mit Problemen umzugehen und effektive Lösungen zu finden. Du wirst dich besser und entspannter fühlen und die positiven Seiten des Lebens sehen.

Das angstbasierte Zentrum spielt eine wichtige Rolle. Es ist wie ein Warnsignal, wenn sich eine Katastrophe anbahnt. Wenn du ängstliche Gedanken hast und dich dafür entscheidest, diese zu ignorieren, schiebst du die Angst nach unten, sodass sie in deinem Kopf nicht mehr existiert. Das Problem dabei ist, dass sie jetzt unbewusst auf dem Boden des Angstzentrums arbeitet.

Machtzentrierte Identifikatoren

- Angst durch bewusste Beobachtung und Handeln überwinden
- Sich selbstbewusster fühlen, um alles zu bewältigen, was kommt

- Sich aus der Angst heraus, etwas nicht zu schaffen, zu etwas getrieben fühlen und die Angst zum Erfolg nutzen
- Schenken ohne Erwartung
- Stämme von furchtlosen Kriegern aufbauen
- Über die Mittelmäßigkeit hinauswachsen
- Überwindung von Widerständen und Arbeit an Handlungsaufgaben, um Ablenkungen zu vermeiden
- Klar definierte Ziele haben und tägliche Miniziele setzen, um darauf hinzuarbeiten
- Im gegenwärtigen Moment leben und Entscheidungen treffen, die auf die Gestaltung eines kraftvollen Schicksals ausgerichtet sind
- Schwerpunkt auf Vertrauensbildung
- Der Glaube an den Erfolg - auch nach Misserfolgen oder in schwierigen Zeiten (machtorientierte Menschen bleiben dabei!)

Mit diesem Buch werden zwei Hauptziele verfolgt:

1. Du verlässt den Ort der Niederlage, der dein angstbasiertes Zentrum ist. Wenn du mit

dieser Denkweise arbeitest, erzeugt dein Fokus besorgte Gedanken, übermäßige Spannung und Stress.

2. Du erhöhst deine Präsenz in deinem machtbasierten Zentrum, der Station, in der du Selbstvertrauen und Selbstwertgefühl aufbaust. Deine Präsenz in dieser Station konzentriert sich auf die persönliche Ermächtigung und den Aufbau mentaler Stärke.

Wenn du in deinem angstbasierten Zentrum lebst, steckst du fest. Du fühlst dich blockiert und hast kein Vertrauen. Im machtbasierten Zentrum bist du wach, zuversichtlich und hast die Kontrolle. Du erlebst vielleicht immer noch Angst, aber sie ist beherrschbar. Du kannst alles ändern, was dein Herz begehrt. Es sind deine gegenwärtigen Begrenzungen, die dich in deinem Tun aufhalten.

Wenn du dich durch Selbstzweifel gefangen fühlst, kannst du das ändern. Wenn du dich von herausfordernden Situationen überwältigt fühlst, kannst du lernen, die Situation mit Selbstvertrauen zu meistern, egal was passiert.

Wenn du dein Leben aus einem Gefühl der Angst heraus lebst oder mit einer Denkweise, die sich auf ängstliche Handlungen und Ergebnisse konzentriert, schaffst du Leiden. Dies führt zu einem Denken, das auf Armut oder Knappheit basiert. Du hast Angst vor Veränderungen und weigerst dich zu handeln. Dein Leben wird mittelmäßig, nicht weil du mittelmäßig bist, sondern weil deine Fähigkeit, dich deinen Ängsten zu stellen und sie für dich zu nutzen, dein Maß an Freude, Zufriedenheit und Erfolg bestimmt.

Erfolgreiche Menschen haben genauso viel Angst wie alle anderen; der entscheidende Unterschied ist, dass sie vorwärts drängen und ihren Widerstand gegen Veränderungen brechen. Sie definieren ihr Leben durch die Maßnahmen, die sie trotz der Schwierigkeiten ergreifen. Sie stellen mittelmäßige Ideen infrage und kämpfen sich vorwärts, um das nächste Plateau zu erreichen. Sie wissen, was sie tun müssen, um dorthin zu gelangen, wo sie hinwollen - egal, was ihnen im Weg steht.

Unabhängig von deiner finanziellen Situation oder dem Ort, an dem du geboren und aufgewachsen bist, kannst du über deine Grenzen hinauswachsen. Du musst dich nicht mit dem zufrieden geben, was die Welt dir gibt. Es ist ein großer Fehler zu glauben, dass du nie mehr sein wirst als das, was die Gesellschaft dir gibt.

Jeder Mensch beginnt an einem anderen Ort. Manche Menschen werden in Armut geboren, andere in goldenen Villen. Es kommt darauf an, was man mit den Stücken *macht, die* man bekommt.

Manche Menschen müssen höher hinaus als andere. Aber es kommt nicht auf die Länge des Weges an, sondern darauf, wie weit man bereit ist, für seine Freiheit zu gehen. Wenn du aufgibst, wirst du nie erfahren, wie nah du dran warst.

Viktor Frankl lebte von 1942 bis 1945 unter den schlimmsten Bedingungen, die man sich vorstellen kann. Als Überlebender des Holocaust und ausgebildeter Psychiater war er drei Jahre lang von Tod, Mord, Selbstmord und Gräueltaten umgeben, die sich niemand vorstellen konnte.

Während seiner Gefangenschaft musste Viktor mit ansehen, wie Tausende von Männern und Frauen starben. Viele starben, weil sie die Hoffnung verloren hatten. Sie gaben auf und sahen keinen Grund mehr zu leben. Viktor erkannte, dass man die Umstände, die einem auferlegt werden, nicht immer kontrollieren kann, aber man kann entscheiden, wie man mit ihnen umgeht. Das ist das Einzige, was man ändern kann.

Viktor Frankl hat in den Lagern beobachtet:

> *"Anstatt die Schwierigkeiten des Lagers als eine Prüfung ihrer inneren Stärke zu sehen, nahmen sie ihr Leben nicht ernst und verachteten es als etwas Unwichtiges. Sie zogen es vor, ihre Augen zu schließen und in der Vergangenheit zu leben. Das Leben wurde für solche Menschen sinnlos."*

Viktor Frankl hat deutlich gezeigt, dass er eine klare und bewusste Entscheidung getroffen hat, seine Gedanken von einer angstbasierten Denkweise auf ein machtbasiertes Zentrum umzustellen. Seine Fähigkeit, dies für sein eigenes Überleben zu tun, hat ihn bis zum Ende des Krieges am Leben erhalten. Viele seiner Kameraden fielen der Hilflosigkeit und Müdigkeit zum Opfer. Sie gaben auf oder waren zu schwach, um weiterzumachen, und kamen ums Leben.

Du kannst diese Macht auf dein eigenes Leben anwenden. Du kannst dich damit abfinden, dass sich dein gegenwärtiger Zustand deiner Kontrolle entzieht, oder du kannst im gegenwärtigen Moment bleiben und das tun, was du jetzt tun musst, um die Dinge zu ändern.

Du kannst nie etwas an der Vergangenheit ändern: Misserfolge, Verluste oder Unglück.

Deine Vergangenheit ist nicht deine Zukunft, aber wenn du dich dafür entscheidest, dort zu leben, wenn du dich darauf konzentrierst, die gleichen Dinge immer wieder zu tun und ein anderes Ergebnis zu erwarten, kann deine Zukunft zu deiner Vergangenheit werden.

In diesem Buch werde ich mich auf beide Denkweisen beziehen, und wir werden die Strategien behandeln, die erforderlich sind, um von einer Denkweise zur anderen zu wechseln. Es erfordert fleißiges Üben, aber mit einer entschlossenen Anstrengung wirst du fokussierter und in der Lage sein zu erkennen, wann du unter der angstbasierten Denkweise leidest.

KAPITEL 2

Ausbrechen aus ängstlichen Gewohnheiten

"Der einzige Weg, seine Ängste zu überwinden, ist das zu tun, was du fürchtest."

- Brian Tracy

In diesem Kapitel werden wir uns die sechs Wege ansehen, auf denen wir die Angst festhalten. Oft ist es das, was wir *nicht tun*, was zu Müdigkeit, Stress und zwanghaftem Grübeln beiträgt, das angstbesetzte Gedanken erzeugt.

Wenn wir die Gewohnheiten, Gedanken und Verhaltensweisen, die in unserem angstbasierten Zentrum existieren, weiterhin verstärken, wird unsere Angst sowohl körperlich als auch geistig die Kontrolle über uns übernehmen.

Die 6 Ursachen für einen angstbasierten Lebensstil

1. Fehlende Planung für die Zukunft.

Viele Jahre lang hatte ich keinen Plan für die Zukunft. Ich hatte keine Ziele oder Bestrebungen. Ich lebte für den Moment und nahm einfach hin, was das Leben brachte.

Doch während das Leben im Augenblick auf der einen Seite ein guter Rat sein mag, ist es auf der anderen Seite eine Formel, die Ängste in unser Leben einlädt. Wenn man nicht für die Zukunft plant, überlässt man den größten Teil seines Schicksals dem Zufall. Das verursacht Zukunftssorgen und gibt uns das Gefühl, keine Kontrolle über unser Leben zu haben.

Eine der Wurzeln der Sorgen liegt darin, dass man ein Leben ohne wirklich konkrete Pläne führt. Wenn man keine Orientierung hat, lebt man ein Leben, in dem man Dinge tut, die man nicht tun will, für Menschen, für die man nicht arbeiten will. Auf diese Weise werden wir in Beziehungen gefangen, die wir nicht mögen, oder arbeiten in Sackgassen, die zu nichts führen.

Die Aufstellung eines tragfähigen Plans für deine Zukunft kann deine Angst vor zukünftigen

Ereignissen erheblich verringern. Das muss kein perfekter, makellos detaillierter Plan sein, aber wenn du jede Woche einige Zeit damit verbringst, deine Ziele zu überprüfen, wirst du dich in das Zentrum der Macht begeben.

Denke an die Dinge, über die du dir Sorgen machst: Arbeitsplatzsicherheit, Finanzplanung, Gesundheit, Familie, Kinder und Ruhestand. Ungewissheit und Unwissenheit erzeugen Angst. Die Sorge ist ein Auslöser dafür, dass man sich um etwas kümmern sollte. Menschen, die eine klare Richtung vor Augen haben, machen sich deutlich weniger Sorgen als diejenigen, die überhaupt keinen Plan haben.

Dein Leben muss keinen exakten Fahrplan haben, aber du musst zumindest wissen, in welche Richtung du dich bewegst. Wenn nicht, wirst du jeden Tag mit dieser Angst aufwachen, bis du etwas dagegen tust. Ein Leben ohne Plan ist wie ein Urlaub ohne Ziel.

Schau dir die Bereiche in deinem Leben genau an, die dich zu ängstlichen Gedanken veranlassen. Sind es deine Finanzen? Deine Karriere? Deine Beziehungen? Dein Ruhestand? Beschränke dich auf die Dinge, die du kontrollieren kannst. Viele deiner Ängste liegen jenseits dessen, was du tun kannst. Du kannst dir

Sorgen über ein Erdbeben machen, aber du wirst es nicht verhindern können.

Aber die Angst, den Arbeitsplatz zu verlieren, ist eine Situation, die du kontrollieren kannst. Vielleicht kannst du dein Unternehmen nicht davon abhalten, dich vor die Tür zu setzen, wenn es zu Entlassungen kommt, aber wenn du dir nebenbei eine neue Qualifikation aneignest, bist du für den Fall der Fälle gewappnet. Dies ist ein Beispiel dafür, wie wir unsere Angst nutzen können, um besser zu planen.

Ermittle die Ängste, die du in den wichtigsten Bereichen deines Lebens hast. Frage dich: "Kann ich das irgendwie planen?" Menschen, die zum Beispiel keinen Plan für ihre finanzielle Zukunft haben, werden von Unsicherheit, Zweifeln und Ängsten erfüllt sein.

Vielleicht denkst du: "Aber viele Menschen versäumen es, für die Zukunft zu planen. Ist es nicht in Ordnung, das Leben einfach so zu nehmen, wie es kommt?" So vieles ist den Launen des Zufalls überlassen. Man könnte denken: "*Was ist, wenn mein Plan scheitert oder nicht aufgeht? Planung ist Zeitverschwendung, weil so vieles im Leben unvorhersehbar ist*.

Es ist nichts falsch daran, den Alltag zu leben, aber du wirst diese Tage viel mehr genießen, wenn du die unterschwellige Angst beseitigst, die damit einhergeht, überhaupt keinen Plan zu haben.

Wir wissen nicht, was die Zukunft bringt. Aber ich kann dir sagen, was sie bringen wird, wenn du nichts planst: mehr Angst! Du weißt nicht, was auf den Finanzmärkten oder an deinem Arbeitsplatz passieren wird. Aber die zwei Stunden, die du für eine grobe Finanzplanung einplanst, sind eine viel bessere Nutzung deiner Zeit als die zwei Stunden, die du heute Abend vor dem Fernseher verbringst.

Mache zumindest einen groben Plan für deine Zukunft und sieh später fern.

Sei dir deiner Ausreden bewusst. Sie werden dich daran hindern, voranzukommen.

Hier sind vier Schritte, die du sofort unternehmen kannst:

a) Bestimme dein einziges großes Ziel für dieses Jahr.

b) Formuliere dir selbst eine einfache Erklärung in Form einer Affirmation, in der du deine Ziele für die nächsten sechs Monate festlegst.

c) Schreibe die eine Sache auf, die dir am meisten Sorgen bereitet.

d) Erstelle eine Lösung (d. h. Aktionsschritte) für diesen Sorgenpunkt.

2. Du denkst, dass sich jemand anderes darum kümmern wird.

Es ist riskant, anderen Menschen die Verantwortung für dein Leben zu übertragen. Ja, du brauchst Unterstützung und ein gewisses Maß an Fürsorge, um die schwierigen Situationen des Lebens zu meistern. Sich jedoch auf ein System oder eine Person zu verlassen, erzeugt Angst. Und warum? Wenn deiner Unterstützung etwas zustößt, bist du dem Untergang geweiht. Die Übernahme von Verantwortung für bestimmte Bereiche deines Lebens ist der Schlüssel zur Verringerung oder gar Beseitigung von Angstsituationen.

Ein Bereich, über den sich die meisten Menschen Sorgen machen, ist, kein Geld zu haben. Aber wenn du einen einfachen Finanzplan für dich selbst aufstellst, kannst du das schnell in den Griff bekommen. Kannst du nicht gut mit Geld oder Finanzen umgehen? Die meisten Menschen können es nicht. In der Schule lernen sie nichts über Finanzplanung. Und in den meisten Familien wird über Finanzplanung nur selten gesprochen. Oft erfahren sie von diesen Dingen zu spät, wenn sie schon Schulden haben. Und dann haben sie wirklich Grund zur Sorge.

Wenn du dich ausschließlich auf eine Person verlässt, die sich um deine Bedürfnisse kümmert, stehst du irgendwann auf dem Trockenen, wenn dieser Person etwas zustößt. Wenn du dein ganzes Vertrauen in eine andere Person setzt und ihr die Verantwortung für deine Versorgung überträgst, richtest du dich auf ein mögliches zukünftiges Chaos ein.

In einem besonderen Fall hat eine Frau, die ich einmal kannte, ihrem Mann alles hinterlassen. Er kümmerte sich um alle Rechnungen, unterschrieb alle Papiere und regelte ihr Leben. Sie fühlte sich sicher und geborgen. Doch als er an einem plötzlichen Herzinfarkt starb, hatte sie keine Ahnung, wo alles war. Sie konnte nicht einmal das Sparbuch finden.

Wenn man eine Familie hat, ist man natürlich in bestimmten Bereichen des Familienlebens auf die anderen angewiesen. Jeder hat eine Rolle zu spielen. In einem Büro oder an einem Arbeitsplatz wird einem ein gewisses Maß an Verantwortung übertragen. Auch wenn man keine bestimmte Rolle spielt, kann man es sich leichter machen, indem man so viel wie möglich lernt.

Wenn du versuchst, die Verantwortung abzuwälzen und sagst: "Das ist nicht mein Problem", kann der Tag kommen, an dem es dein Problem *wird*. Du kannst deine Angst verringern, indem du auf dem Laufenden bleibst und dich informierst.

3. Der Glaube, dass man mit seiner Angst nicht fertig werden kann.

Es gab eine Zeit in meinem Leben, in der ich glaubte, dass ich mit den meisten Dingen, die mir widerfahren, nicht fertig werden könnte. Mein Denken, dass die Angst immer größer war als ich, hat mich besiegt. Ich sah Probleme als riesige Monolithen an, die mein Leben kontrollierten.

Wenn du denkst, deine Ängste haben dich im Griff, dann haben sie dich im Griff. Man macht sich Sorgen über all die schlimmen Dinge, die passieren werden, es aber nie tun. Jemand hat einmal gesagt: "99 % der Dinge, vor denen ich Angst hatte, sind nie wirklich passiert".

Wir fürchten das Unbekannte, weil es unberechenbar ist. Was passiert, wenn ich meinen Job verliere? Geld verliere? Meine Frau und meine Kinder verliere? Wir verbringen den ganzen Tag damit, uns Gedanken über die negativen Dinge zu machen, die hinter der nächsten Ecke auf uns warten, und spielen das Spiel "was mache ich, wenn". Ich kann dir sagen, was du tun wirst. Du wirst dir einen Plan zurechtlegen, damit du jede Angst, die auf dich zukommt, bewältigen und konfrontieren kannst.

Hilft es dir, dich zu sorgen? Hat es *jemals* geholfen? Die Sorge ist ein Gefühl, das du nicht brauchst. Sie erfüllt überhaupt keinen Zweck. Sie senkt nur dein Selbstvertrauen und steigert deine Ängste. Wenn du unter Sorgen leidest, lebst du höchstwahrscheinlich in Angst und steckst im Angstkreislauf der Hilflosigkeit fest. Du musst aus der Tretmühle der Angsterzeugung aussteigen.

Sage dir selbst: "Ich kann mit allem umgehen, was auf mich zukommt."

Schau dir zum Beispiel an, wo du heute stehst. Die Chancen stehen gut, dass du in deinem Leben schon einige Prüfungen hinter dir hast. Jeder musste schon etwas durchmachen. Wenn du hier sitzt und dieses Buch liest, kann ich davon ausgehen, dass du es überlebt hast, oder? Werfe einen Blick auf einige der Nachrichten da draußen.

Schau dir die Situationen an, die andere Menschen durchleben. Stelle dir selbst eine Situation vor, die dich überfordert. Könntest du damit umgehen, wenn du bei einem Autounfall bleibende Verletzungen davontragen würdest? Könntest du damit umgehen, wenn du kein Geld hättest und völlig bankrott wärst? Könntest du damit umgehen, wenn jemand stirbt, den du liebst?

Du bist stärker als du denkst. Darauf gehe ich jede Wette ein. Und das, was dich nicht umbringt, macht dich zu einem besseren Kämpfer für das nächste Mal. Indem du dich deinen Ängsten stellst und dich selbst stärkst, indem du den Schrecken spürst, konditionierst du deine Sinne, damit umzugehen.

Ich schaue mir Situationen an, die ich vor Jahren erlebt habe und die mir sehr beängstigend erschienen, und jetzt erscheinen sie mir nicht mehr so schlimm. Und warum? Vielleicht bin ich gewachsen und kann jetzt besser damit umgehen. Es gibt auch viele Dinge, die ich noch nicht erlebt habe, und wenn ich daran denke, fange ich an, mir Sorgen zu machen. Ich fange an zu denken: "*Was wäre, wenn...?*", und dann wiederholt sich der Kreislauf.

Nimm dir Zeit, um auf all die Ereignisse zurückzublicken, die dir Sorgen und Ängste bereitet haben. Wie viele dieser Ängste haben sich bewahrheitet? Hast du diese schwierigen Zeiten überstanden? Konntest du deine Angst damals bewältigen? Der Grund Nummer 1, warum wir nicht weiterkommen, ist, dass wir im Unterbewusstsein davon überzeugt sind, dass wir nicht mit dem umgehen können, was das Leben uns vorsetzt.

Mache eine Liste von Szenarien, die du fürchtest, und frage dich: "Wie kann ich damit umgehen?" Einige Beispiele könnten sein:

- Wie kann ich damit umgehen, wenn ich mich scheiden lasse?
- Wie kann ich damit umgehen, wenn ich meinen Arbeitsplatz verliere?
- Wie kann ich vorgehen, wenn ich kein Geld habe und am Ende Konkurs anmelden muss?

Ich weiß, dass es nichts Neues gibt, mit dem andere nicht auch schon fertig geworden wären. Ich schaue mir das Leid der Menschen um mich herum an und sehe, wie sie mit den Schwierigkeiten des Lebens umgehen. Sie kämpfen und leiden, aber sie bewältigen sie.

Es ist in Ordnung, eine schwierige Situation durchzustehen, aber konzentriere dich darauf, sie zu überstehen, damit du wieder zu deinem Glück zurückkehren kannst. Wenn du mit einer ängstlichen Situation konfrontiert wirst, stelle dir vor, wie du dich fühlen wirst, nachdem du sie überstanden hast. Wenn du dir selbst beweist, dass alle deine Ängste in Wirklichkeit Illusionen sind, werden sie als Lügen entlarvt, die in deinem Leben keinen Platz haben.

4. Ich werde es vermeiden, bis es verschwindet (und das tut es nie).

Es ist leicht, schmerzhafte und unangenehme Gefühle einfach unter den Teppich zu kehren. Ich weiß das. Ich habe das auch schon oft getan. *Ich werde mich später damit befassen,* dachte ich. Aber aus später wurden Monate und schließlich Jahre.

Die meisten der Ängste, die mein Leben kontrollierten und beherrschten, hätte ich in den Griff bekommen, wenn ich die Angst gleich zu Beginn akzeptiert und mich ihr gestellt hätte.

Aber so ist das Leben. Nur musst du dich nicht jahrelang vor deinem Schrecken verstecken. Es wird immer etwas geben, wovor du Angst hast. Solange du verschiedene Dinge ausprobierst, wird es immer Angst geben. Es geht nicht darum, "die Angst loszuwerden", denn das geht nicht. Aber du kannst lernen, besser mit ihr umzugehen.

Denken Sie daran: **Was du widerstehst, bleibt immer bestehen**.

Was vermeidest du im Moment? Was könntest du jetzt tun, um dich dieser Angst zu stellen? Ist es ein Beziehungsproblem? Ist es etwas auf der Arbeit? Stelle zunächst fest, woher deine Angst kommt. Das grenzt sie ein und verbessert die Konzentration. Du hast möglicherweise mehrere Ängste in vielen Bereichen, sodass es überwältigend wird.

Aber stell dir vor, du würdest jeden Tag ein paar Minuten damit verbringen, dir diese eine wichtige Frage zu stellen: "Was vermeide ich heute? Und warum?" Als ich diese Übung ausprobiert habe, habe ich mir vorgenommen, die Ängste, die ich jeden Moment hatte, zu identifizieren. Ich habe die Angstmomente gezählt. Ich war erstaunt darüber, was mir Angst machte. Schon wenn ich am Computer saß, hatte ich diese Angstmomente.

Unsere Angst ist wie ein Signal; sie warnt uns, dass etwas nicht stimmt. Wann immer ich etwas aufschiebe (d. h. Angstvermeidung) oder Ausreden finde, warum ich etwas nicht tun kann, habe ich in den meisten Fällen Angst davor, etwas zu tun. Wenn ich es weiter eingrenze, habe ich Angst, etwas zu tun, weil ich versagen oder dumm dastehen könnte.

Warum habe ich Angst, zu versagen? Weil es meine tiefere Überzeugung bestätigt, dass ich nicht gut bin, und ich riskiere, etwas Wertvolles zu verlieren, weil ich ein unnötiges Risiko eingegangen bin.

Du siehst also, du kannst die Situation durchgehen und das Problem an der Wurzel packen. Die Angst hat einen Grund; wenn du ihn findest, ist es viel einfacher, sie zu überwinden und ein glücklicheres, gesünderes Leben zu führen. Was ist der Grund für deine Angst? Tipp: Höchstwahrscheinlich ist es etwas, das du noch nicht getan hast oder dem du ausweichst.

5. Wir haben Angst, zuzugeben, dass wir Angst haben.

Unsere Gesellschaft und Kultur haben dich belogen. Man hat dir gesagt, dass Angst ein Zeichen von Schwäche ist. Das war falsch. Als ich aufwuchs, wurde ich darauf konditioniert, dass Versagen etwas Schlechtes ist. Was passiert denn, wenn man einen Test nicht besteht? Du bekommst eine dicke rote Sechs auf dein Papier und missbilligende Blicke von deinem Lehrer und deinen Mitschülern. Man hat versagt.

Die Sechs sagte alles. Wenn es dir also so ergangen ist wie mir, dann hast du dich beim nächsten Mal mehr angestrengt. Du fühltest dich motiviert, die Sechs zu überwinden und beim nächsten Test eine Vier und beim übernächsten Test eine Drei zu erreichen. Deine Motivation, nicht zu versagen, wurde zu deiner Energie. Du weißt es vielleicht nicht, aber du hast eine Menge Macht in deinem eigenen Kopf. Du kannst dich dafür entscheiden, Angst zu haben und nichts zu tun, oder du kannst diese Angst nutzen und sie für dich arbeiten lassen.

Am Ende des Tages hast du zwei Möglichkeiten. Entweder du stellst dich den Dingen, die dir Angst machen, oder du läufst vor ihnen davon, indem du dich ablenkst, um sie zu vermeiden. Wie auch immer du damit umgehst, die Angst wird nicht verschwinden. Du kannst sie unter einem vollen Terminkalender begraben, aber die Angst wird nicht von selbst verschwinden. Sie muss genutzt werden.

Wenn man die Angst in einer Situation anerkennt, wird sie real. Man wird konzentrierter. Man kann keine geistige Energie damit verschwenden, sich über etwas Sorgen zu machen, wenn man sich der Situation mutig stellt und bereit ist, etwas dagegen zu tun.

Siehst du, Angst ist nicht nur ein Gefühl, sondern eine Emotion, die versucht, mit dir zu kommunizieren. Sie sagt dir: "Hey, etwas stimmt nicht." Die Herausforderung besteht darin, zu erkennen, was die Angst dir mitteilen will. Gibt es etwas, das du noch nicht getan hast? Hast du dich vor einer Aufgabe gedrückt, die deine Aufmerksamkeit erfordert? Gibt es etwas, das geplant werden sollte?

Indem du deine Angst anzapfst, verschwindet sie - einfach so! Die Hälfte des Umgangs mit der Angst besteht darin, zu erkennen, dass sie existiert. Wenn man sie ignoriert, wird sie immer stärker - genau wie mein Albtraum.

6. Wir wollen nicht scheitern, also tun wir Dinge, die einfach und vertraut sind.

Die Angst vor dem Scheitern ist eine der verheerendsten Ängste, die es gibt. Sie beeinflusst alles, was wir tun, und weil sie durch frühere Konditionierungen so tief in uns verwurzelt ist, haben wir uns darauf eingestellt, sie immer wieder zu vermeiden.

Dies gilt vor allem für die Angst vor Ablehnung. Erinnerst du dich an das erste Mal, als du eine

Ablehnung erfahren hast? Das tat weh, nicht wahr? Um mit dieser Angst umzugehen, beschränken wir uns auf das, was wir wissen und wovon wir wissen, dass wir es können.

Steckst du in der Komfortzone fest und machst eine Arbeit, die dir vertraut ist und wenig Risiko birgt? Bist du in eine Beziehung verwickelt, die nervt, aber du hältst daran fest, weil es einfacher ist, als dich aus dem Fenster zu lehnen und abgeschossen zu werden?

Wenn du das tust, was dir leicht fällt, akzeptiere auch die Konsequenzen. Wenn wir uns für den Weg entscheiden, der kurzfristig weniger herausfordernd ist, stellen wir uns langfristig auf ein Leben voller Entbehrungen ein. Auf diese Weise wird deine Angst ermutigt, dich festhalten zu wollen.

7. Uns wurde durch Konditionierung beigebracht, dass Angst schlecht ist.

Wir haben beobachtet, wie Gleichaltrige, Eltern und andere Menschen mit der Angst umgehen, indem sie sich angstbasierte Gewohnheiten zulegen. Menschen überfressen sich oder verschlingen Junkfood, um mit Angst und Stress fertig zu werden.

Süchte und Zwänge sind Anzeichen dafür, dass die Angst in unserem Leben wirkt, aber anstatt uns ihr zu stellen und die Hindernisse zu überwinden, die zwischen uns und unseren Träumen stehen, gehen wir den anderen Weg - wir laufen davon! Es ist wie die alte Redensart: "F.E.A.R. steht für 'Forget Everything and Run!' (Vergiss alles und lauf weg)" Ich glaube, wir sind schon genug gerannt.

8. Wir gehen mit ungelösten Problemen ins Bett.

Schlaf ist unglaublich wirkungsvoll. Du schläfst nicht nur, damit du am nächsten Tag funktionieren kannst und wieder von vorne anfangen kannst. Du schläfst aus bestimmten Gründen. Einer dieser Hauptgründe ist die Verarbeitung dessen, was in deinem Leben passiert. Und das ist der Grund: Wenn du schläfst, schalten dein Körper und dein Geist in den Verjüngungsmodus. Sie reparieren sich selbst und verarbeiten schnell Informationen. In vielerlei Hinsicht verhalten sie sich wie Computer, die eine Auszeit brauchen, um alle Daten zu sichern. Während dieses Prozesses bist du für eine kurze Zeit tatsächlich offline.

Wenn dein Verstand etwas als "unvollständig" erkennt, wachst du vielleicht mit einem Anflug von Zweifel oder Sorge auf. Dies wird zu einer Sorge und könnte sich als Gefühl der Angst manifestieren.

Anstatt dich mit dem wirklichen Problem zu befassen, suchst du nach Ausreden. Oder du akzeptierst es einfach, weil du dich heute so fühlst. Du wartest darauf, dass es verschwindet. Vielleicht tut es das, oder du konzentrierst dich auf etwas anderes, bis sich das Gefühl ändert.

Woher kommt die Angst?

Unsere Angst ist ein erlernter Charakterzug. Manche Menschen sind voller Angst und drücken sie aus oder bewältigen sie durch Gewalt, Mobbing oder Verbrechen. Andere werden depressiv, hilflos und leben mit ängstlichen Entscheidungen und Unentschlossenheit.

Wir alle haben unsere eigene Art, mit der Angst umzugehen, denn niemand zeigt uns wirklich, wie wir mit Situationen umgehen sollen, die uns Angst machen. Wenn du wie die meisten Menschen bist, hat man dir beigebracht, dass Angst etwas Schlechtes ist, das man vermeiden sollte. Wenn du Angst hast, läufst du weg! Ich glaube, wir sind schon genug gerannt.

Wenn du dich auf Schwachstellen konzentrierst, stärkst du deine Schwächen statt deine Stärken. Zu wissen, wie du deiner Angst begegnen kannst, ist der erste Schritt, um sie zu überwinden. Schiebst du Aufgaben auf, von denen du weißt, dass sie erledigt werden sollten? Wenn ja, warum schiebst du sie vor dir her?

Indem du deine Angst in Schritte oder kleine Etappen zerlegst, verringert sich die Macht, die sie über dich hat. Was würdest du tun, wenn du weniger Angst hättest? Was wäre, wenn du deine Angst in eine positive Kraft verwandeln könntest, die Menschen und andere zum Handeln anregt?

Was würdest du heute in deinem Leben tun, wenn dir keine Angst im Weg stünde?

Wir halten unsere Ängste am Leben, indem wir uns von der angstbasierten Denkweise leiten lassen. Ängste, Sorgen, ängstliche Gedanken und Lähmungen tragen dazu bei, dass du leidest. Du kannst mit allem umgehen, was auf dich zukommt. Der Glaube, dass die Angst nur vorübergehend ist, ist eine mächtige Taktik. Und weißt du was?

Sie *ist* nur vorübergehend.

Wie Buddha einst sagte: *Alle Dinge müssen vergehen.*

KAPITEL 3

Die Mauern der Angst einreißen

"Angst ist niemals ein Grund zum Aufgeben; sie ist nur eine Ausrede."

- Norman Vincent Peale

Seine Ängste zu bewältigen, ist harte Arbeit. Unter der Oberfläche verbirgt sich eine Menge ungelöster emotionaler Schmerz.

Wenn du die Teile deines Lebens auseinander nimmst, die unter emotionalem Aufruhr leiden, wirst du feststellen, dass du in einer angstbasierten Denkweise überlebt hast. Wenn du im Widerstandsmodus bist, bist du in der angstbasierten Denkweise präsent. Wenn du dich befreist, um dich über deine Ängste zu erheben, vollziehst du den Wechsel in die machtbasierte Denkweise.

Hier ein Fallbeispiel: Eine Freundin von mir (ich werde sie Wendy nennen) sah jeden Abend 3-4

Stunden fern. Sie sah sich alles an, was im Fernsehen lief. Es war egal, solange es sie von ihren Problemen und der Angst, die diese Probleme verursachten, ablenkte. Sie hatte eine Menge Kreditkartenschulden, die sie nicht bezahlen konnte. Ihre Angst waren ihre Finanzen.

Wendy hatte ihr Geld nie gut im Griff, denn ihr Vater war ein Glücksspiel-Junkie, und als sie ein Kind war, hatte er das gesamte Familiengeld verloren. Jetzt stand Wendy vor dem gleichen Dilemma. Gläubiger riefen bei ihr an und tauchten bei ihr zu Hause auf.

Jeden Tag wachte sie mit einer Angst auf, die ausreichte, um einen Elefanten zu töten, und an manchen Morgen hatte sie Mühe, aus dem Bett zu kommen. Sie wollte nur noch die Decke über ihr Gesicht ziehen und die Welt verdunkeln. Wendy hatte auch noch andere Ablenkungen, und eine davon war das Online-Shopping, das ihre Probleme nur noch vergrößerte, weil sie ihre laufenden Schulden nicht bezahlen konnte.

Wenn wir uns gegen unsere Ängste wehren, werden sie nicht verschwinden. Wenn wir unseren Problemen aus dem Weg gehen, führt das nur zu noch mehr Stress und Ängsten. Deshalb brauchen wir einen logischen Fluss, um von unserem angstbasierten Zentrum in ein positives Zentrum zu gelangen, das uns frei macht.

Eine der Hauptursachen für Stress sind ungelöste Probleme in unserem Leben. Das kann eine hohe Rechnung sein, die nicht bezahlt wird, oder eine schwierige Beziehung, mit der wir nicht fertig werden.

Wenn wir uns abmühen, eine Lösung für die stressauslösende Situation zu finden (die auch unsere Ängste verstärkt), bleiben wir in der angstbasierten Seite stecken. Sobald dies der Fall ist, sind Versuche, einen Ausweg zu finden, schwierig, weil alle unsere Entscheidungen die Angst verstärken.

Wenn wir in der Angst gefangen sind, führen alle Türen, die wir sehen, zu noch mehr Angst. Wir müssen die eine Tür finden, die uns den Weg nach draußen weisen kann.

Unsere Ängste rühren von Situationen her, die sich unserer Kontrolle zu entziehen scheinen. Veränderungen gehören zu den Dingen, vor denen die meisten von uns anfangs Angst haben - bis wir sie tatsächlich tun.

Der Wechsel in einen neuen Beruf wird uns Angst machen - bis wir uns daran gewöhnt haben. Eine

Beziehung zu verlassen ist angstbesetzt - bis wir es tatsächlich tun. Die Angst vor dem Scheitern ist beängstigend - bis wir einige große Misserfolge erlebt haben, die uns die Angst nehmen.

Handhabung durch Widerstand

Wir wehren uns gegen die Umstände, die emotional schmerzhaft sind. Das kann alles sein, vom Umgang mit einer Situation am Arbeitsplatz, einer Scheidung, finanziellen Schwierigkeiten bis hin zu gesundheitlichen Problemen.

Wenn du versuchst, eine Lösung zu finden, und immer noch innerhalb der Grenzen deiner angstbasierten Zone denkst und handelst, werden die Lösungen, die du dir einfallen lässt, die Probleme verstärken.

In Wendys obigem Fall zum Beispiel setzt sie sich nicht mit der Bank zusammen und bespricht mit ihr, wie sie ihre Schulden am besten tilgen kann, und erstellt dafür einen Zahlungsplan (d. h. eine Lösung auf der Grundlage von Energie), sondern sie schaltet ab und sieht fern oder lenkt sich ab, indem sie anderen Aktivitäten nachgeht, die nichts mit ihrer problematischen Situation zu tun haben.

Der Vorteil ist, dass sie vor der Realität fliehen kann; die Realität ist jedoch, dass sie nicht vor der Begleichung ihrer Schulden fliehen kann. Das Problem wird weiterhin an ihre Tür klopfen, bis es gelöst ist.

Sich gegen die Angst zu wehren, ist ganz natürlich; es ist sogar die erste Stufe der Auseinandersetzung mit dem, was uns Angst macht. Der nächste Schritt ist, wie wir mit der Situation umgehen. Er ergibt sich aus einer Entscheidung.

Wirst du den Kopf in den Sand stecken und fliehen oder einen (kleinen) Schritt zur Bewältigung machen? Die eine Methode wird zu mehr Stress führen, die andere wird dich befreien und du wirst bessere Bewältigungsstrategien entwickeln.

Im Grunde genommen haben wir alle in gewissem Maße Angst vor Veränderungen. Für viele ist es die Angst, sich der Realität zu stellen. Du tauchst in deine Komfortzone ein; du baust deine kleinen täglichen Gewohnheiten um diese Zone herum auf und gewöhnst dich an die Routine, den Zeitplan und deine täglichen Interaktionen mit Menschen.

Vertrautheit ist ein gutes Gefühl. Sie bietet Sicherheit und ein Sicherheitsnetz. Das einzige, was deine Komfortzone bedroht, ist ein neues Problem oder ein Umstand, der eine Änderung deiner Routine erfordert - eine plötzliche Änderung, die sich deiner Kontrolle entzieht. Wenn dein angstbasiertes Zentrum mit einer Situation konfrontiert wird, mit der es nicht umzugehen weiß, wirst du ein Engegefühl in der Brust spüren. Das ist Angst. Du könntest Hilflosigkeit oder Lähmung erleben.

Ich hatte einen Freund, der, als er eine traumatische Zeit in seinem Leben durchmachte, eine so starke Lähmung des Geistes erlebte, dass er nicht gehen konnte. Er lag dann tagelang im Bett, buchstäblich.

Körperlich war alles in Ordnung mit ihm, aber sein Geist kämpfte damit, mit der Situation fertig zu werden, die ihm aufgezwungen worden war. Er wehrte sich heftig dagegen, etwas dagegen zu unternehmen. Als er seine angstbasierte Denkweise überwand und von "ängstlich" zu "furchtlos" wechselte, vollzog sich eine erstaunliche Veränderung. Er entdeckte, dass er etwas unternehmen konnte, um sein Problem zu lösen.

Wie hat er seine ängstliche Situation überwunden?

Wir sprachen darüber und waren uns einig, dass er nicht einfach untätig bleiben konnte. Er musste etwas unternehmen, und sei es auch nur die kleinste Bewegung, damit er vorankam. Dieser erste Schritt mag ein kleiner Schritt sein, aber er ist besser, als in die andere Richtung zu laufen.

Wir haben ihm die Schritte aufgezeigt, die er unternehmen musste, um weiterzukommen. Du musst verstehen, dass es sich hier um jemanden handelte, der geistig und emotional gelähmt war, weil er sich fragte: "Was wird mit mir geschehen?" Auf emotionaler Ebene war er davon überzeugt, dass er, was auch immer passieren würde, nicht in der Lage sein würde, damit umzugehen.

Am Ende tat er, was getan werden musste. Die Situation wurde gemeistert, und nach all den schlaflosen Nächten und der Angst, nicht zu wissen, was passieren würde, hat er überlebt. Die meisten Menschen assoziieren ihre großen Situationen mit Szenarien, in denen es um Leben und Tod geht. Manchmal gibt es tatsächlich Situationen, in denen es um Leben und Tod geht, aber die meisten sind es nicht.

Wenn wir mit einer ängstlichen Situation konfrontiert werden, ist es ganz natürlich, dass wir uns gegen das wehren, was wir fürchten.

Erinnerst du dich an das letzte Mal, als du in deinem Leben etwas erlebt hast, das große Angst ausgelöst hat? Wie hast du anfangs reagiert? Hast du versucht, die Situation zu vermeiden? Vermeidest du sie immer noch? Bist du weggelaufen? Hast du sie aufgeschoben? Hast du dich betrunken, um sie zu vergessen?

Widerstand ist die Mauer des Schreckens, die wir haben, wenn wir etwas nicht tun wollen. Die Dinge sind gut, so wie sie sind. Warum es verändern? Wir leisten auch deshalb Widerstand, weil wir vielleicht nicht wissen, was wir tun sollen. Wir fragen uns: "Wie gehe ich mit dieser Angst um? So etwas ist mir noch nie passiert. Sie sagen mir, ich solle es einfach tun, aber ich weiß wirklich nicht, wo ich anfangen soll.

Ich habe in meinem Leben schon viele Situationen erlebt, in denen ich den Mut hatte, aufzustehen und die Führung zu übernehmen. Bei jeder neuen Herausforderung solltest du dich daran erinnern, dass die Angst, die du hast, nicht nur dich betrifft. Zweifellos hat schon jemand dasselbe durchgemacht und es lebend überstanden. Du bist nicht der Einzige, der Angst hat. Es sieht nur so aus.

Sieben Gründe, warum wir der Angst widerstehen

Menschen gehen mit ihrer Angst auf ganz unterschiedliche Weise um. Die meisten von uns versuchen, ob unbewusst oder nicht, ängstliche Situationen zu vermeiden. Das kann eine neue Herausforderung sein, bei der die Möglichkeit des Scheiterns besteht, oder es kann eine unangenehme Situation sein, der wir uns nicht stellen wollen. Vielleicht zögern wir es hinaus, etwas zu unternehmen, und tun auf unbestimmte Zeit nichts.

Wenn wir Angst haben, gibt es ein gewisses Maß an Widerstand, das jeder durchbrechen muss. Unser Widerstand gegen eine Situation hängt vom Grad der Angst ab, mit der wir auf das reagieren, was uns Angst macht.

Hier sind sieben Gründe, warum wir uns unseren Ängsten nicht stellen:

1. Wir denken, dass unsere Angst exklusiv ist. Jemand sagte mir einmal, dass meine Probleme nicht neu oder originell seien. Fühlt es sich nicht die meiste Zeit so an, als sei deine Angst neu und originell? Dass du irgendwie der Einzige bist, der das schon einmal durchgemacht hat oder mit dieser Situation konfrontiert ist?

Vielleicht hast du deine eigenen Ängste, aber die gute Nachricht ist, dass es nichts gibt, mit dem du konfrontiert bist, das nicht schon jemand anderes gemeistert hat. Das ist eine gute Nachricht, denn es bedeutet, dass du immer eine Lösung oder eine Fallstudie finden kannst, die dir in jeder Situation hilft.

2. Wir denken, dass die Angst größer ist als wir selbst. Dies ist die "Ich kann damit nicht umgehen"-Phase. In dem Glauben, dass die Angst unsere Fähigkeiten übersteigt, werden wir frustriert und suchen nach Möglichkeiten, uns abzulenken.

Wie wir sehen werden, sind Ablenkungen bequem und beschäftigen den Geist. Sobald die Ablenkung beendet ist, kehrt unser Verstand zu den ursprünglichen Problemen zurück. Nur fühlen wir uns jetzt schuldig und haben mehr Druck, es zu lösen!

Angst ist ein ständiges Gefühl. Sie hat weder Größe noch Wert. Zwei Menschen können dieselbe Situation erleben und völlig unterschiedlich damit umgehen. Wenn wir uns darauf konditionieren, uns den schwierigen Dingen zu stellen, dann wachsen wir.

3. Wir haben Angst vor dem unvermeidlichen Ergebnis. Darauf werde ich später noch genauer eingehen, aber die Angst vor dem, was passieren könnte, ist ein großes Hindernis. "Was, wenn ich versage? Was, wenn es nicht klappt?" Wir gehen jede mögliche Situation durch, die uns mit noch mehr Selbstzweifeln erfüllt. Wenn dann keine Lösung auftaucht, fangen wir wieder an zu rennen und vor der Realität zu flüchten; das ist unser Kreislauf, wenn wir in einer angstbasierten Denkweise gefangen sind. Jede Tür, die wir öffnen, bietet eine weitere kurzfristige Lösung.

Um es zu beheben, müssen wir aufhören, uns "reparieren" zu lassen. Sobald wir den Weg des geringsten Widerstands einschlagen, wird dieses Muster unser ganzes Leben lang zur Gewohnheit werden.

Der Weg des geringsten Widerstands ist der einfache Ausweg; er ist der Weg, auf dem wir genug Ablenkungen finden, um uns für immer zu halten. Voller Chaos und ohne wertvolle Lösungen ist der Weg des geringsten Widerstands verlockend, denn er bietet eine einfache Möglichkeit, mit unserer Angst umzugehen. Der Weg ist leicht, weil er eine Quelle schneller Erleichterung bietet, aber die langfristigen Auswirkungen sind verheerender.

4. Wir leugnen, dass wir Angst haben. Wie oft haben wir schon gesagt: "Ich habe keine Angst", obwohl wir wirklich Angst hatten? Wir geben selten zu, dass uns etwas Angst macht.

Ich hasse Tests. Ich habe ein gewisses Maß an Angst, wenn es um Prüfungen geht. Zuzugeben, dass ich Angst habe, gibt mir ein gewisses Maß an Selbstvertrauen. Ich weiß, dass ich das nicht durchmachen will. Ich würde lieber woanders sein. Warum mache ich das also? Muss ich das wirklich tun?

In den meisten Fällen könnte ich einfach aufgeben. Das wäre das Einfachste, was ich tun könnte. Vor dem Test weglaufen. Den Interviewraum verlassen, bevor ich aufgerufen werde. Aufzugeben wird mir Sicherheit geben und die Angst verringern. Aber es wird die Angst nicht beseitigen. Es stärkt sie nur und formt sie schneller zu meiner Persönlichkeit. Mein Verstand hat jetzt eine neue Gewohnheit: Ich gebe auf, bevor ich mich der Herausforderung stelle.

Wenn wir leugnen, dass wir Angst haben, verstärken wir unser Angstniveau. Wenn wir zugeben, dass wir Angst haben, können wir sagen: "Ich mag das nicht, aber ich werde es trotzdem tun. Wenn ich das durchstehe, kann ich ...". Und dann machst du eine Liste mit all den guten Dingen, auf die du dich freuen kannst, wenn du Stellung beziehst.

5. Wir ergreifen die falschen Maßnahmen. Eine weitere Abwehrtaktik, mit der wir uns gegen unsere Ängste wehren, besteht darin, die falschen Maßnahmen zu ergreifen. Das ist ähnlich wie das Zulassen von Ablenkungen, aber anstatt einfach zu tun, wozu wir Lust haben, beschließen wir, etwas zu unternehmen, und überzeugen uns dann selbst, dass es die richtige Vorgehensweise ist - aber das ist sie nicht.

Anstatt die Arbeit zu tun, die wir tun sollten oder könnten, entscheiden wir uns dafür, etwas anderes zu tun. Das ist in der Regel das Einfachste auf unserer Aktionsliste.

Du kannst Folgendes tun: **Schreibe die Handlung auf, die dir im Moment den größten Widerstand bereitet**.

Was würde passieren, wenn du diese Vorgehensweise zu deiner obersten Priorität machen würdest?

Mache es zu deiner Priorität und schreibe eine Liste mit drei kleinen Maßnahmen, die du ab sofort durchführen könntest. Was ist die erste Sache? Tu es.

6. Wir sehen die Angst als etwas, das größer ist als wir selbst. Du kannst es schaffen. Du glaubst nur, dass du es nicht kannst. Wenn du sie einmal bewältigt hast, wirst du nicht mehr aufzuhalten sein.

Hier ist das Geheimnis all unserer Albträume - sie sind nur so groß, wie wir sie für richtig halten. Wie kommt es, dass manche Menschen trotz ihrer Situation Wunder vollbringen können, während andere kaum zu einem Vorstellungsgespräch erscheinen können?

Wenn du dieses Buch liest, dann deshalb, weil dir dein Wohlbefinden am Herzen liegt. Ich habe dieses Buch geschrieben, weil auch mir dein Wohlbefinden am Herzen liegt.

Du kannst es schaffen. Es gibt nichts, was zu groß ist, und es gibt kein unbewegliches Hindernis. Du musst nur die richtige Hebelwirkung finden, um es zu bewegen. Du wirst überrascht sein, dass es manchmal nur eines kleinen Schubs bedarf, um die größten Ängste zu überwinden.

7. Wir denken, dass die Angst einfach "verschwindet", wenn wir sie vermeiden und etwas anderes tun. Du kannst deine Angst begraben, aber das wird nicht so bleiben. Dein Leben ist dazu bestimmt, zu gedeihen und sich zu etwas Unglaublichem zu entwickeln. Wenn du dich selbst davon abhältst, neue Herausforderungen anzunehmen, bringst du dich in eine verletzliche Lage. Du bereitest dich auf einen großen Sturz vor, wenn das nächste Mal eine große Welle oder Herausforderung kommt.

Kinder, die in Familien aufgewachsen sind, die ihre Probleme vergraben und nicht über Problemlösungen gesprochen haben, werden zu Erwachsenen, die die Angewohnheit haben, vor Angst wegzulaufen. Sie lernen, mit ihrem emotionalen Schmerz umzugehen, indem sie sich Hintertüren schaffen, zwanghaft lügen und sich Fluchtwege aus der Sucht schaffen.

Wir leben in einer Welt, die darauf ausgelegt ist, uns rund um die Uhr zu beschäftigen. Manche Menschen füllen ihre Zeit mit exzessivem Fernsehkonsum. Andere spielen oder kaufen online ein. Wir lassen uns ablenken, um mit unserem Schmerz fertig zu werden. Da es uns schwerfällt, mit den schmerzhaften Emotionen umzugehen, die die Konfrontation mit der Angst mit sich bringt, ist es die beste logische Entscheidung, sich von unserer Angst abzuwenden.

Wenn wir das Licht in einem Raum ausschalten, sind die Gegenstände in diesem Raum immer noch da - auch wenn wir sie nicht sehen können. Für viele von uns ist das Ausschalten unserer Angst so, als würden wir eine Decke über die

Realität werfen und sagen: "Ich weiß, dass es dich gibt, aber ich will dich nicht sehen."

Um aus deinem angstbasierten Gemütszustand herauszukommen, musst du bereit sein, den Lichtschalter umzulegen und deine Ängste in dein Bewusstsein zu bringen. Wenn du das, was dir Angst macht, verdrängst, öffnest du die Tür für eine Vielzahl schmerzhafter Emotionen: Depression, Sorgen und Unruhe. Wenn du diese Emotionen jeden Tag aufs Neue durchlebst, wirst du schließlich krank werden.

Angstvermeidungstaktiken und Verdrängung

Seien wir einen Moment lang ehrlich. Wie oft beginnen die Menschen jeden Tag damit, dass sie sich morgens als Erstes sagen: "Heute werde ich mich meinen Ängsten stellen und die Dinge tun, die ich will, auch wenn es unangenehm ist"?

Wenn überhaupt, sind wir darauf konditioniert, genau das Gegenteil zu denken und zu tun. Wir denken: "Heute gehe ich auf Nummer sicher, mache meinen Job, bleibe in meiner Komfortzone und hoffe, dass ich nicht zu sehr gefordert werde."

Die meisten Menschen würden alles tun, um eine unangenehme Situation zu vermeiden. Wenn wir nur wüssten, dass wir uns durch

Denken, Handeln und Widerstand gegen die "einfache" Art, Dinge zu tun, auf eine neue Ebene begeben können.

Wenn man den einfachen Weg wählt, nimmt man den langen Weg. Man denkt vielleicht, dass man mit etwas davonkommt, aber das ist nur eine Illusion. Nichts könnte weiter von der Wahrheit entfernt sein.

Deine Freiheit, das Leben zu gestalten, das du dir wünschst, findest du nicht, indem du alle Sicherheitsregeln befolgst. Nur wenn du über sie hinausgehst, kannst du sie entdecken. Ich schlage nicht vor, dass du große Risiken eingehst, die dich in Gefahr bringen, aber ich schlage Folgendes vor:

Frage dich, was du tun müsstest, um dein Leben nach deinen eigenen Vorstellungen und frei von Angst zu leben. Stelle dir vor, wie du dich jedem Hindernis stellst und allen Widerständen begegnest.

Warum scheitern die meisten Menschen? Sie geben auf, wenn sich ihnen Widerstände in den Weg stellen. Wenn es schwierig wird, laufen wir davon.

Vor unserer Angst wegzulaufen ist eine konditionierte Reaktion. Wir behandeln sie, als ob etwas mit uns nicht stimmt.

Wie vermeiden es die Menschen also, sich der Angst zu stellen?

Wir bleiben abgelenkt.

Die Angstvermeidung fasst in unserem Leben immer mehr Fuß. Wir wollen vermeiden, Angst zu haben, Verantwortung zu übernehmen und uns unseren Schmerzen zu stellen. Sich den Dingen zu stellen, die uns Angst machen, bedeutet, unser Ego und unser Selbstvertrauen in die Schusslinie zu bringen.

In der heutigen hektischen Gesellschaft war es noch nie so einfach, sich ablenken zu lassen. Wir haben digitale Medien, Fernsehen mit mehr Sendungen, als wir in einem ganzen Leben sehen können, und jede Menge Lebensmittel und Snacks, die uns ohne Reue satt machen.

Einer meiner Ablenkungsfaktoren war zum Beispiel das Einkaufen im Internet. Ich war süchtig nach Amazon und eBay und verbrachte Stunden damit, in den größten Online-Shops der Welt zu surfen. Wenn ich Angst hatte oder es etwas gab, das ich lieber vermeiden wollte, wählte ich den "einfachen" Weg der Flucht.

Welche Ablenkungsfaktoren verwendest du? Was veranlasst dich dazu, auf diesen Ablenker einzugehen?

Es ist ein natürlicher Weg, deine Ängste zu meiden. Es ist nichts Falsches daran, wenn du dich verstecken willst. Wenn du dich ablenken lässt, entspannt das die Angst und macht dich weniger ängstlich. Aber nur für die Dauer, in der du etwas anderes tust.

Es lenkt dich von der Angst ab. Es bringt dich in eine Zone, in der du an nichts anderes denken musst. Dies ist deine Sicherheitszone, aber sie ist nicht real. Sie ist eine vorübergehende Lösung und nichts weiter. Sie dient nur der Erleichterung im Moment, aber wenn du mit der Aktivität aufhörst, kommen die Angst und die Furcht zurück.

Die meisten Menschen beschäftigen sich, um etwas aufzuschieben, was sie nicht tun wollen. Wenn man beschäftigt ist, hat man immer eine Ausrede parat: "Oh, ich hatte gerade das hier zu tun, also konnte ich nicht ...".

Sich selbst auf frischer Tat zu ertappen, erfordert ein gewisses Maß an Bewusstsein, das entwickelt werden muss. Dies kannst du mit drei einfachen Techniken erreichen.

Aktion Aufgabe

Triff die bewusste Entscheidung, sich der Ablenkungen bewusst zu werden, die du benutzt, um dem mit deinen Ängsten verbundenen emotionalen Schmerz zu entkommen. Trainiere deinen Geist, deine Ablenkungsmuster zu erkennen. Ist es eine Sucht nach einer Gewohnheit oder einer bestimmten Droge? Ist es das Fernsehen? Wir alle haben unsere Methoden der Flucht. Identifiziere deine.

Widerstandstest: Wenn du das nächste Mal mit Schwierigkeiten konfrontiert wirst, achte darauf, wie du reagierst. Versuchst du, eine Lösung zu finden? Freust du dich auf die Herausforderung, weil du dadurch wachsen kannst?

Wir alle haben Widerstand gegen unsere Ängste. Das ist eine natürliche Reaktion. Stelle dir nun vor, du würdest diese Herausforderung annehmen und sie in etwas Reales verwandeln.

Was ist dein liebster Fluchtweg?

Erstelle eine Liste der Fluchtwege, die du zum Laufen benutzt. Diese zu identifizieren ist ein guter Weg, um sich zu motivieren, etwas dagegen zu tun. Wenn du deine Fluchtmuster kennst, kannst du sie mit deinem Bewusstsein blockieren. Jahrelang habe ich Videospiele benutzt, um zu flüchten. Ich sagte, dass es mir hilft, mich zu entspannen.

Die Wahrheit ist, dass sie meine Sinne betäubt haben. Immer, wenn ich mich mit etwas nicht befassen wollte, habe ich mir die Zeit mit einem Spiel oder dem Fernseher vertrieben. Als ich das erkannte, schmiss ich die Spiele weg und schaltete den Fernseher aus. Ich habe nur dann etwas angeschaut, wenn ich mich an diesem Tag einer Herausforderung gestellt und sie gemeistert habe. Du musst dir deine Belohnung verdienen. Verdiene sie dir und du wirst sie viel mehr zu schätzen wissen.

Die Ablenkung durch Vermeidung hält uns fest. Heutzutage sind wir von unzähligen Ablenkungsmanövern umgeben: Fernsehen, Videospiele oder Rauschmittel, die uns davon abhalten, etwas zu tun. Wenn du zu den Zauderern gehörst, gehst du wahrscheinlich diesen Aktivitäten nach oder du hast dein eigenes Ventil, um dich abzulenken. Finde heraus, was deine Vermeidungstaktiken sind, und versuche, sie zu beseitigen oder mit der Gewohnheit zu brechen.

Widerstand ist natürlich. Wir kämpfen gegen Situationen, die uns Angst machen. Du kannst deinen Widerstand brechen, indem du einen kleinen Schritt - und sei er noch so klein - zur Lösung der Situation machst.

KAPITEL 4

Die Entscheidung, mutig zu sein

"Eure Zeit ist begrenzt. Vergeudet sie nicht damit, das Leben eines anderen zu leben. Lasst euch nicht von Dogmen einengen - dem Resultat des Denkens anderer. Lasst den Lärm der Stimmen anderer nicht eure innere Stimme ersticken. Das Wichtigste: Folgt eurem Herzen und eurer Intuition, sie wissen bereits, was ihr wirklich werden wollt."

- Steve Jobs

Du könntest dein Leben im Handumdrehen verändern, wenn du dich sofort für lohnende Ziele entscheiden würdest. Stelle dir vor, wo du stehen würdest, wenn du dich entschließen würdest, dich NICHT von der Angst von deinem Erfolg abhalten zu lassen. Wo würdest du stehen, wenn du dich entschließen würdest, heute den ersten Schritt in Richtung deiner Träume zu tun?

Was müsste geschehen, damit du dich selbst als mutigen Menschen bezeichnen würdest? Wir hören viele Geschichten über mutige Menschen; diejenigen, die die sieben Gipfel erklimmen und ihr Leben für andere riskieren. Wir sehen Mut in Filmen und beobachten andere Menschen um uns herum, die Dinge tun, die wir selbst gerne tun würden.

Damit beginnt ein Vergleichskrieg mit deinem ängstlichen Selbst. Wenn du deine Untätigkeit und deinen mangelnden Mut mit Menschen vergleichst, die weitaus mehr erreichen als du selbst, erhält deine Angst die Macht, dich festzuhalten. Du hörst dich selbst Ausreden sagen, warum du etwas nicht tun kannst:

- Ich wurde nicht auf diese Weise geboren.
- Ich bin nicht gut genug.
- Ich bin bei den meisten Dingen, die ich versucht habe, gescheitert.

Ich habe die meiste Zeit meines Lebens damit verbracht, meinem Unterbewusstsein die gleichen Ausreden zu liefern. Ich wollte immer mutiger sein, weil mir meine Angst immer mächtiger erschien als ich selbst. Wenn man mehr an seine Angst als an sich selbst glaubt, gibt man das Recht auf, mutig zu sein.

Wenn ich Widerstand leistete oder mich überfordert fühlte, war das nie eine Zeit für Mut. Es war eine Zeit zum Weglaufen. Das ist ein natürliches Gefühl. Tiere fliehen, wenn sie Angst haben. Das tun Menschen auch. Aber wir haben die Kontrolle über unsere Instinkte. Wir haben die Macht der Wahl, und wir können sie zu unserem Vorteil nutzen.

Wenn du dich entscheidest, ein mutiger Mensch zu sein, wirst du ein mutiger Mensch. Du kommst aus dem Angstmodus heraus. Dein Herz fühlt sich leichter an. Du nimmst das Aussehen einer entschlossenen Person an und verlagerst deine Energiekraft.

Angst ist ein starkes Gefühl. Du kannst sie zu deinem Vorteil nutzen oder sie dein Leben bestimmen lassen. Du kannst in der Angst verharren und dich von ihr in Selbstzweifel und geringes Selbstvertrauen treiben lassen, oder du kannst sie akzeptieren, wenn sie dich trifft, und sie nutzen, um das zu tun, wovor du am meisten Angst hast. Du kannst spüren, was dein erster Instinkt ist und der Versuchung widerstehen, das zu tun, was er von dir verlangt.

Begebe dich aus einer Position des Schmerzes in eine Position der Macht. Höre auf das, was dein Verstand dir sagt. Werde dir der Stimme bewusst, die den Dialog ohne deine Erlaubnis beginnt.

Du denkst vielleicht, dass du kein mutiger Mensch bist, aber lass uns diesen Glauben überprüfen. Du sitzt jetzt hier, ja? Wahrscheinlich hat dein Leben seinen Teil an Schwierigkeiten gehabt. Du hast in deinem Leben Leid, emotionalen Schmerz, Verlust und Trauer erfahren.

Wir alle versuchen, unser Leben zu meistern und uns dabei zu amüsieren. Das Leben soll Spaß machen ... aber für viele ist es das nicht. Wenn du einen ängstlichen Lebensstil führst, fällt es dir schwer, tapfer oder mutig zu sein. Du willst dich verstecken und nicht gesehen werden.

Wir werden die Maßnahmen ermitteln, die du in deinem Leben trotz Angst und Selbstzweifel ergriffen hast. Als ich diese Übung machte, wurde mir klar, dass ich die meiste Zeit meines Lebens mutig gewesen war. Ich hatte nur eine falsche Vorstellung von Mut. Ich verglich mich mit echten Menschen, die erfolgreich und selbstbewusst waren und die Dinge taten, die ich tun wollte. Ich sah sie als Macher und Beweger, mich selbst sah ich als zittrig und unbeweglich an.

Meine Angst begann mit einem Gedanken. Meist war es ein Bild oder die Vorstellung, dass etwas Schlimmes passieren würde. Wenn ich dann zur Arbeit kam, hatte sich die Angst zu einem verstärkten Gefühl der Beunruhigung ausgeweitet. Mir wurde einmal gesagt, dass Angst mit zukünftigen Ereignissen beginnt, die noch nicht eingetreten sind, oder mit vergangenen Ereignissen, die noch ungelöst sind.

Es braucht Mut, das Leben zu leben. Es braucht noch mehr Mut, sich den Schwierigkeiten des Lebens zu stellen. Es braucht ein gewisses Maß an Selbstvertrauen und Mut, um diese Schwierigkeiten als die eigenen zu akzeptieren und sie zu überwinden.

Warum die Angst dich festhält

Ich kannte einmal eine Frau, die in einer schlechten Beziehung war. Sie musste aus ihrer Ehe aussteigen, aber der Gedanke daran lähmte sie. Sie konnte mit der Vorstellung, allein zu sein, nicht umgehen. Jahrelang versuchte sie, sich an die Situation anzupassen und sich sogar zu verändern, um den hohen Ansprüchen ihres Mannes gerecht zu werden. Sie war einem Zusammenbruch nahe und voller Angst. Sie fragte sich: "Wie werde ich überleben? Was ist, wenn ich es allein nicht schaffe und zu ihm zurückkriechen muss? Was, wenn ...?"

Sie spielte das "Was wäre wenn"-Spiel. Alle Wege führten zu Angst und Finsternis.

Es gibt zwei Wege. Der Weg des ängstlichen Lebens führt in der Regel nur zu einem Ergebnis: Elend und mehr Leid. Dies führt zu mehr Angst, Stress und Lähmung. Du fühlst dich gefangen. Aber du bist nicht in der Situation gefangen. Du bist in deinem Geist gefangen.

Es gibt nichts in der äußeren Welt, das dich festhält. Es ist eine innere Situation. Kümmere dich von dort aus darum.

Ich habe mich mit dieser Frau zusammengesetzt und sie gebeten, alle Schritte aufzuschreiben, die sie unternehmen müsste, um ihre Situation zu verlassen. Sie tat es, und es waren etwa sechzig Punkte auf der Liste. Dann bat ich sie, den Schritt einzukreisen, der die größte Herausforderung darstellte. Das tat sie. Als Nächstes sollte sie den einfachsten Handlungsschritt einkreisen, den sie sofort tun könnte. Sie nannte den einfachsten Punkt auf ihrer Liste. Dann tat sie es. Es war so einfach wie ein Telefonanruf.

Meine Freundin blätterte weiter durch ihre Liste und nahm jeden Punkt in Angriff, bis sie die Hälfte der Punkte abgearbeitet hatte. Zu diesem Zeitpunkt hatte sie bereits einen großen Schwung hinter sich. Sie sagte, ihr

Selbstvertrauen habe sich verdreifacht. In nur zwei Wochen verwandelte sie sich von einem Zustand der Lähmung in einen Zustand der Kraft, indem sie einfach Schritt für Schritt ihre Liste abarbeitete.

Hätte sie versucht, das Schwierigste zuerst zu tun, würde sie immer noch festsitzen. Wir müssen klein anfangen, um einen Schwung zu bekommen. Tu, was dir leicht fällt. Du musst nicht gleich alles auf einmal in Angriff nehmen. Innerhalb von drei Monaten hatte diese Frau ihre eigene Wohnung, sie arbeitete das Scheidungsverfahren durch, und zum ersten Mal in ihrem Leben hatte sie ihr Schicksal in der Hand.

Wie hat sie das gemacht?

Sie erkannte, welche Ängste sie hatte: die Angst, allein zu sein, verlassen zu werden und es nicht alleine schaffen zu können. All diese Ängste wurden infrage gestellt. Sie scheinen real zu sein, weil sie sie nie infrage stellt. Wenn man sich jedoch genau ansieht, wovor man Angst hat, zeigt sich die Angst, hinter der sich das Vertrauen verbirgt. In vielen Fällen sind deine Gedanken ängstlich; sie besiegen deine Handlungen.

Wenn du dir vorstellst, Mut zu fassen und dich der Situation zum ersten Mal zu stellen, wird anfangs Widerstand auftreten. Du wirst versucht sein, auf den richtigen Zeitpunkt oder die perfekte Gelegenheit zu warten. Aber es gibt nie einen perfekten Moment. Wir warten darauf, dass der Mut auftaucht, aber das tut er selten.

Mut und Zuversicht sind das Ergebnis der Bewältigung der Angst. Wenn du dich dazu entschließt, die Situation selbst in die Hand zu nehmen und etwas dagegen zu unternehmen, aktivierst du deine "Mut"-Taste. Mit anderen Worten: Steh auf und übernimm die Verantwortung. Indem du trotz der Angst etwas unternimmst, gehst du den Weg zu wahrem Mut.

Und was ist mit dir? Gibst du deiner Angst die Erlaubnis, die Kontrolle zu übernehmen und die Show zu leiten? Wie viel von deiner Angst ist real? Sie mag sich für dich real anfühlen, aber niemand projiziert sie auf dich, nicht wahr? Welche Gedanken hast du in diesem Moment, die die Angst verstärken? Nehmen andere dich als ängstlich wahr, oder bist es nur du selbst?

Verantwortung übernehmen

Ich gebe zu, dass ich manchmal ein Heuchler sein kann. Als Vater versuche ich, meinen Kindern die Bedeutung von Verantwortung zu vermitteln. Ich bringe ihnen bei, dass sie sich erst um ihre Hausaufgaben und ihre Hausarbeit kümmern sollen, bevor sie spielen oder fernsehen. Wenn sie die schwierigen Dinge zuerst erledigen, können sie ihre Spielzeit mehr genießen. Ich hingegen neige stark dazu, meine eigenen Ängste zu ignorieren und die Dinge aufzuschieben, die ich tun könnte, um meine eigene Angst zu verringern.

Anstatt mutig zu sein, bin ich oft weggelaufen und habe mein Chaos für jemand anderen hinterlassen. Das hat mehr Kummer und Leid verursacht, als ich zugeben möchte. So muss es nicht sein. Der Grund, warum ich meinen Kindern beibringe, dies nicht zu tun, ist, dass sie hoffentlich weniger leiden müssen, wenn sie älter werden.

Mutig zu sein bedeutet, für das Chaos auf der eigenen Seite des Zauns verantwortlich zu sein. Niemand sonst wird sich um deine Probleme kümmern, es sei denn, du bezahlst ihn dafür.

Die Angst ist dein, wenn du sie willst.

Jeden Tag projizieren Menschen ihre Ängste auf dich. Du erfährst davon in den Medien und von deinen Freunden. Es liegt an dir, wie du sie annimmst. Wirst du ängstliche Behauptungen zurückweisen oder sie als Wahrheit akzeptieren? Du hast in jeder Situation eine Wahl.

Du kannst die Verantwortung für das übernehmen, was in deinem Leben geschieht, oder du kannst es aufgeben und auf den einfachen Weg des "Vermeidens" und "Weglaufens" vor deinen Ängsten verfallen. Dieses Leben gehört dir. Du kannst wählen, was du in jedem Augenblick tun möchtest. Sobald du dies weißt und akzeptierst, kannst du mutig handeln.

Hier sind **zwei Strategien,** die dir zu mehr Mut verhelfen:

1. Hör auf, andere zu beschuldigen. Der schnellste Weg, seine Macht abzugeben, ist, eine andere Person für etwas zu beschuldigen, über das man die volle Kontrolle hatte. Das ist der schnelle und "einfache" Weg, der Verantwortung zu entgehen. Obwohl es sich gerechtfertigt und richtig anfühlt, schränkt es deine Fähigkeit ein, mit dem Leben zurechtzukommen, wie es ist. Wie ein altes Sprichwort sagt: "Wenn du mit dem Finger auf jemanden zeigst, zeigen drei Finger auf dich zurück".

Ich kenne Menschen, die niemals die Verantwortung für ihre Fehler übernehmen. Sie suchen die Schuld bei der erstbesten Person, die sie finden können, und versuchen dann zu beweisen, dass es wirklich ihre Schuld war, während sie jede Beteiligung an dem Problem abstreiten.

Dieselben Menschen leben auch in ständiger Angst. Sie sind immer nervös. Sie haben eine begrenzte Komfortzone und geraten in Panik, wenn sie auch nur einen Zentimeter über diese hinausgehen.

Du kannst dies vermeiden, wenn du dich deinen Fehlern sofort stellst. Suche nach Gelegenheiten, bei denen du anderen helfen kannst, mit ihren Fehlern umzugehen. Fingerzeiger denken, sie gewinnen jedes Mal, wenn sie aus dem Schneider sind und alle anderen den Kopf hinhalten müssen, aber das ist eine Illusion für sie.

Sei ein Vorbild an Ehrlichkeit, wie ich es meinen Kindern beibringe. Wenn du es getan hast, ist es okay. Es zuzugeben, macht dich mutig.

2. Stehe zu deinen Emotionen. Wenn wir uns mit unseren Ängsten auseinandersetzen, spielen unsere Gefühle eine große Rolle. Es ist ein Kampf, mit unseren Sorgen, Stress, ängstlichen Gedanken und Ängsten umzugehen. Es macht keinen Spaß, sich diesen Dingen zu stellen. Es ist kein Wunder, dass Menschen lieber fliehen als kämpfen.

Wenn wir wie gelähmt sind, weil wir nicht wissen, was wir tun sollen, kann das Gefühl überwältigend sein. Der Verstand kann tatsächlich anfangen, sich abzuschalten.

Ich handhabe das, indem ich den Prozess durchlaufe. Unsere Emotionen können wir in den Griff bekommen, wenn wir ihre Berechtigung infrage stellen. Wenn du dich über etwas Sorgen machst und dies sich zu etwas Größerem manifestieren darf, dann liegt das daran, dass Gedanken deinen Geist durchdringen und die Kontrolle übernehmen. Fühlt es sich nicht manchmal so an, als stündest du unter der Macht einer äußeren Kraft? Wenn deine Gedanken Angst erzeugen, scheint es, als ob dies dein Leben bestimmen würde.

Die gute Nachricht ist, dass du jederzeit die absolute Kontrolle über deine Gefühle hast. Es fühlt sich nicht so an, aber du hast sie. Das ist sehr befreiend. Zu wissen, dass ich meine eigenen Gedanken wählen kann, bedeutet, dass ich Sorgen nach Belieben beseitigen kann. Wenn ich einen schlechten Tag habe und die Welt eine dunkle Wolke ist, dann ist es *meine* dunkle Wolke. Ich kann jedes Gefühl, das ich habe, selbst bestimmen.

Wir sind die Schöpfer von Elend und Glück. Leider warten viele Menschen darauf, dass jemand anderes sie glücklich macht oder ihnen ihr Elend abnimmt. Wir können uns dabei ertappen, wie wir Dinge sagen wie: "Wenn sie sich nur ändern würde, dann wäre ich glücklicher".

Wenn man sich darauf verlässt, dass andere einen besser machen, übt man zu viel Druck auf die andere Person aus. Außerdem ist es unrealistisch. Wahrscheinlich denken die meisten Menschen nur an ihr eigenes Glück und sind nicht immer an das deine interessiert. Möchtest du friedlicher sein? Du kannst die Gefühle und Emotionen erzeugen, die einen friedlichen Geisteszustand hervorrufen.

Du bist nicht in einer Beziehung, einem Job oder einer Situation gefangen. Es mag so aussehen, aber du hast eine Wahl. Die Entscheidung mag nicht leicht sein, aber wenn du dich dafür entscheidest, an einem Ort zu bleiben, der dir Leid zufügt, wird die Entscheidung, dich dagegen zu wehren, deine Macht stärken. Menschen sind unglücklich, wenn sie sich entscheiden, etwas nicht zu tun.

Möchtest du einen anderen Lebensstil führen, weil dein jetziger Lebensstil nicht erfüllend ist? Du kannst dich dafür entscheiden, anders zu leben. Du hast in jeder Situation, die dich herausfordert, eine Wahl.

Wenn du dich besiegt fühlst, liegt das daran, dass du keine Maßnahmen ergreifst. Indem du dich entscheidest, kannst du diese Gefühle der Hilflosigkeit und der Selbstzerstörung überwinden.

KAPITEL 5

Zurückdrängen von Mittelmäßigkeit

"Menschen, die nicht in der Lage sind, sich selbst zu motivieren, müssen sich mit Mittelmaß begnügen, egal wie beeindruckend ihre anderen Talente sind."

- *Dale Carnegie,* *Bestsellerautor von Wie man Freunde gewinnt und Menschen beeindruckt*

Wir alle leben in unseren eigenen Komfortzonen - sichere Häfen, die unsere Verhaltensweisen und Gewohnheiten unterstützen. In diesen Zonen errichten wir Mauern der Sicherheit und Bequemlichkeit. Das kann zu Lethargie und schlechten Gewohnheiten führen, die uns schließlich besiegen. Nur selten versuchen wir, uns innerhalb dieser Grenzen zu verändern. Stattdessen akzeptieren wir unser Leben so, wie es ist. Indem wir akzeptieren, sind wir bereit, alles zu nehmen, was uns gegeben wird, ohne es infrage zu stellen.

Zu Beginn dieses Buches habe ich zwei Denkweisen vorgestellt: die angstbasierte Denkweise und die machtzentrierte Denkweise. Mittelmäßigkeit hat ihre Macht in der angstbasierten Mitte unseres Lebens. Sie ist eine der mächtigsten Überzeugungen, die wir über uns selbst haben.

Mittelmäßigkeit tötet Träume und hält Menschen gefangen. Sie versuchen, ihren Schmerz mit sinnlosen Aktivitäten und einem Leben in berauschender Gefühllosigkeit zu ertränken.

All dies ist natürlich die Grundlage für einen angstvollen Lebensstil. Das Thema des Lebens in der Mittelmäßigkeit würde den Rahmen dieses Buches sprengen, aber ich muss es erwähnen, um zumindest dein Bewusstsein für seine Macht und die Illusion, die es darstellt, zu schärfen.

Mittelmäßigkeit ist nicht das Leben, das sich die Menschen wünschen, sondern das, was sie im Tausch gegen einen Gehaltsscheck annehmen. Mittelmäßigkeit wird von den Massen akzeptiert, weil es das ist, was alle anderen tun.

Henry David Thoreau, ein amerikanischer Dichter, sagte einmal: *"Die meisten Menschen führen ein Leben in stiller Verzweiflung und gehen mit dem Lied in sich ins Grab."*

Wir alle wünschen uns, unser Lied zu singen, unseren Traum zu leben und über unser eigenes Potenzial hinauszuwachsen. Leider wollen viele Menschen das nicht, sondern geben sich mit weniger zufrieden. Viel weniger.

Wir glauben, dass wir im Kern unserer Existenz nicht genug wert sind, um das zu haben oder zu verdienen, was wir uns wirklich wünschen. Also haben wir am Ende weniger, viel weniger. Wir nehmen, was wir kriegen können, anstatt das anzustreben, was wir uns wünschen. Am Ende vertrauen wir auf unsere Ängste und entwickeln schwache Gewohnheiten, die einen angstbasierten Lebensstil unterstützen.

Mit anderen Worten, durch die Angst vor dem Leben gehemmt, leben wir einen **mittelmäßigen Lebensstil** statt des Lebens, das wir haben könnten. Das ist kein Leben, es ist Überleben. Jeden Tag sterben Menschen, ohne jemals ihre Musik gespielt oder ihr Lied gesungen zu haben.

Wenn du an Mittelmäßigkeit glaubst, werden alle Handlungen, Gedanken und Verhaltensweisen, die du entwickelst, auf diesen

Lebensstil ausgerichtet. Menschen leben unter ihren Möglichkeiten, nicht weil sie unfähig sind, sondern weil sie keinen Glauben oder kein Vertrauen in sich selbst haben, ein großartiges Leben zu führen.

Wenn du deine Handlungen rationalisierst und deine Ängste dazu befähigst, mit dir zu arbeiten, anstatt dich zurückzuhalten, wirst du zuversichtlicher und handelst konsequent und bewusst. Wir sind dazu geboren, die Schwierigkeiten, die das Leben uns bereitet, zu erforschen und herauszufordern.

Ein Leben ohne Hindernisse ist langweilig. Was uns bremst, ist, wenn wir so tun, als ob diese Hindernisse nicht da sein sollten, als ob sich das Universum irgendwie gegen uns verschworen hätte, um uns das Leben schwer zu machen.

Die Schwierigkeit liegt nicht in der Angst, die wir haben, sondern in unserer alten Konditionierung und darin, wie wir mit der Angst umgehen. Wenn wir nicht aufpassen, können wir der Lüge auf den Leim gehen, dass das Leben einfach sein sollte, dass wir nicht kämpfen sollten.

Vielleicht steckst du in der Plackerei eines ermüdenden Jobs fest und denkst, du kannst nicht weg. Oder in einer Beziehung, die dich erdrückt, und du würdest alles tun, um dich zu befreien, aber etwas hält dich zurück.

Du willst dich zur Wehr setzen, aber stattdessen kriechst du auf dem Boden herum. Du willst einen Ausweg, aber alles, was du findest, ist ein Raum mit verschlossenen Türen und keiner Möglichkeit, ihn zu verlassen. Du willst jemand sein, aber "sie" haben dich überzeugt, dass du niemand bist und hierher gehörst.

Unser angstbasiertes Selbst reagiert auf plötzliche Veränderungen in der Gewohnheit oder im Denken. Mittelmäßigkeit ist kein Zustand, in den wir hineingeboren werden; wir wachsen in sie hinein, weil unsere Umgebung Erwartungen an uns stellt. Wenn wir als mittelmäßig behandelt werden, kaufen wir uns in die mittelmäßige Denkweise ein.

Wir entscheiden unbewusst, dass wir mittelmäßig sind, und beginnen, ein Leben zu führen, das dies in jeder Hinsicht beweist. Wir modellieren, was wir sehen und hören, und wenn wir versuchen, anders zu sein, werden wir wieder niedergeschlagen.

Mittelmaß ist nicht das, was du bist; es ist ein Zustand, der auf schlechter Bildung beruht. Man gaukelt einem vor, man sei nichts Besonderes, und diese Lebensweise wird einem von allen um einen herum beigebracht, die im selben System gefangen sind. Niemand kann etwas dafür; wir können nicht unsere Eltern, Lehrer oder Mentoren dafür verantwortlich machen. Auch sie haben mit ihrem eigenen Kampf gegen die Mittelmäßigkeit zu kämpfen.

Ein Mentor von mir hat es einmal perfekt auf den Punkt gebracht. Er nannte es "die Wissenschaft der Mittelmäßigkeit". In der Wissenschaft hinterfragen wir selten die Formeln (oder das, was Wissenschaftler "Gesetze" nennen). Eine bewährte Formel zum Beispiel ist niemals falsch. Sie kann auch nie ihren Zustand ändern.

Wenn du über das Potenzial deines Lebens nachdenkst, kannst du dann ehrlich sagen, dass du das Beste aus deinem Leben gemacht hast? Hast du deine Lebensträume erreicht? Hast du den geheimen Wunsch, mit dem Rest deiner Zeit hier etwas Wunderbares zu tun, aber du kannst einfach nicht damit anfangen? Hörst du auf die Stimmen der Vernunft und glaubst alles, was sie dir sagen?

Ich habe die meiste Zeit meines Lebens auf diese "Plappermäuler" gehört und kann ehrlich sagen, dass sie voller Lügen sind. Diese Stimmen können aus der Vergangenheit stammen oder sie kommen von deinen eigenen persönlichen

Dämonen. Was auch immer die Quelle ist, du kannst den Inhalt anpassen, indem du die Botschaften übernimmst, die sie senden. Du wirst tun, woran du glaubst. Du wirst mit Autorität das tun, was du denkst und glaubst, was du wert bist.

Was wir glauben, erdenken wir.

Achte genau auf die Sprache, die du verwendest, wenn du mit deinen Gedanken kommunizierst. Mittelmäßiges Denken ist eine Gewohnheit und bestärkt unsere "durchschnittliche" Lebensweise. Mit "durchschnittlich" meine ich, dass du dich so verhältst und Leistungen erbringst, die unter deinem Potenzial liegen, weil du davon überzeugt bist, dass genau das von dir erwartet wird.

Ich habe schon vor langer Zeit erkannt, dass ich mit meinen Gedanken und der Wortwahl, mit der ich mit mir selbst kommunizierte, meine mittelmäßige Einstellung förderte. Als ich anfing zu glauben, dass ich mehr tun könnte, tat ich auch mehr. Ich war begeistert von dem, was ich erreichen konnte. Ich schlief weniger, denn wenn man von seinen Zielen begeistert ist, braucht man nicht so viel Schlaf.

Wenn du die bewusste Entscheidung triffst, aus deiner Blase herauszutreten, löst du eine emotionale Reaktion aus, die manche Menschen "Motivation" nennen. Du setzt einen Schneeballeffekt in Gang, indem du schneller wirst und mit jedem Versuch mehr erreichst. Ehe du dich versiehst, tust du Dinge, von denen du früher nur geträumt hast.

Die mittelmäßige Konditionierung beginnt schon früh im Leben, meist in der Kindheit, wenn man zum ersten Mal lernt, Dinge zu fürchten. Man hört die Leute sagen: "Sei vorsichtig" oder "Tu das nicht, du wirst dich verbrennen".

In ein Leben der Mittelmäßigkeit wird man nicht hineingeboren, sondern man muss jahrelang die Botschaften aller anderen beherzigen. Man formt seine Grenzen, schafft und etabliert die Dinge, vor denen man Angst hat, und legt sein Erfolgsniveau auf der Grundlage des Umfelds fest, in dem man aufgewachsen ist.

Nach der Definition von **Merriam-Webster** für Mittelmäßigkeit ist Mittelmäßigkeit:

> *"Die Eigenschaft von etwas, das nicht sehr gut ist: die Eigenschaft oder der Zustand, mittelmäßig zu sein. Eine Person, die nicht die besondere Fähigkeit besitzt, etwas gut zu machen."*

Kurz gesagt, jemand, der nicht besonders begabt ist, keine wirklichen Fähigkeiten hat und von geringer Qualität ist.

Würdest du dich selbst auf diese Weise definieren? Wenn du mit Ja geantwortet hast, ist das gut. Das ist der erste Schritt, um es zu ändern.

Wenn wir unseren Erfolg an den talentierten Musikern, Künstlern, Filmstars, Rock-Ikonen, Politikern und Menschen von allgemeiner Bedeutung messen, würde Mittelmäßigkeit etwa 97 % der Weltbevölkerung ausmachen. Wenn das wahr wäre, was sagt das über uns aus? Sind wir von Natur aus eine mittelmäßige Spezies?

Wir werden von der Mittelmäßigkeit in dem Glauben erzogen, dass wir nichts zu bieten haben, wenn wir kein magisches Talent haben, und dass unser Leben arm und langweilig sein wird, wenn wir nicht zur königlichen Familie gehören. Dieses Glaubenssystem wird uns von einem Bildungssystem aufgezwungen, das die Menschen auf Berufe vorbereitet, die sie am Ende sowieso nicht wollen.

Mittelmäßigkeit hat ihre Macht in deinen tiefsten Gedanken und Überzeugungen; im Laufe der Jahre konditioniert dies deine Gewohnheiten, auf mittelmäßige Weise zu reagieren und dich anzupassen. Deine Handlungen spiegeln wider, wie du dich selbst einschätzt. Dein Glück, deine Zufriedenheit und dein Erfolg im Privat- und Berufsleben werden von deinen Überzeugungen darüber bestimmt, wer, was und warum du bist.

Hast du dich schon einmal gefragt, warum du etwas tust, was du eigentlich nicht tun willst? Du steckst in bestimmten Situationen fest und fragst dich, wie du dorthin gekommen bist. Wenn du deine Muster zurückverfolgen kannst, siehst du vielleicht, dass du einem System gefolgt bist, dessen Glaubenssätze seit vielen Jahren in deinem Geist verankert sind.

Wie würdest du dich fühlen, wenn du Folgendes tätest?

- Du bewirbst dich auf eine Stelle, die du schon immer für eine Nummer zu groß gehalten hast.
- Du hast um etwas gebeten, um das du normalerweise nie bitten würdest, weil du dachtest, *ich bin es einfach nicht wert*.
- Du isst zum ersten Mal in einem teuren Restaurant und hast keine Angst, dass die anderen sich fragen, was du dort machst.

- Du leistest eine Anzahlung für das Traumhaus, das du dir schon immer gewünscht hast.
- Du lebst dein Leben als reisender Unternehmer.
- Du sagst NEIN, wenn du das nächste Mal aufgefordert wirst, etwas zu tun, von dem du nicht überzeugt bist.
- Du entscheidest dich, in fünf Jahren ein siebenstelliges Einkommen zu erzielen.

Mittelmäßigkeit ist eine Form der Angst, und sie ist am schwierigsten zu beurteilen, denn niemand sonst kann für dich entscheiden, ob du in einem mittelmäßigen Lebensstil gefangen bist. Das kannst nur du selbst tun. Nur du kannst deinen inneren "Drachen" erwecken, um das Kommando zu übernehmen, hinauszugehen und einen größeren Unterschied zu machen.

Deine Mittelmäßigkeitsmentalität ist der Nährboden für die Aufrechterhaltung eines Niveaus von beständiger Angst, die dich dort hält, wo du bist. Wenn du dich gegen diese Überzeugungen stellst und das Warum wirklich infrage stellst, machst du einen großen Schritt. Du wirst dich zunächst unwohl fühlen, fast schon "unanständig", als ob du dabei ertappt werden könntest, wie du dich aufführst. Das ist nur dein angstbasiertes Zentrum, das den Druck spürt.

Wenn du dich der Dinge "bewusst" wirst, die dich gefangen halten, wirst du spüren, dass eine Reihe von Reaktionen stattfinden. Das ist gut. Du willst dich bewusst bemühen, dich in dein kraftbasiertes Zentrum zu begeben, wo du eine größere Bandbreite an Kontrolle hast.

Eines Abends machte ich eine Liste mit allen Möglichkeiten, wie ich die Wissenschaft der Mittelmäßigkeit weiterhin infrage stellen könnte.

Hier ist die Liste, die ich erstellt habe:

- Setze dir ein Ziel, das größer ist als alles, was du dir jemals erträumt hast ... und dann mach dich auf den Weg, es zu erreichen.
- Meistere etwas, das sonst niemand tut.
- Glaube nicht an vergangene Misserfolge.
- Gib dich nicht mit dem zufrieden, was übrig bleibt - gib dich erst gar nicht damit zufrieden!
- Habe einen anderen Plan als alle anderen.

- Nimm deine Angst vor dem Scheitern an und scheitere so oft wie möglich.
- Stelle deine Überzeugungen infrage und gehe ihnen auf den Grund, um herauszufinden, ob sie der Wahrheit über dich entsprechen.
- Geh nicht auf Nummer sicher, nur weil sich andere dadurch wohler fühlen.
- Strenge dich jeden Tag ein bisschen mehr an. Geh weiter vorwärts.
- Lerne weiter und bilde dich weiter.

Ich möchte, dass du dich dieser Liste anschließt. Beginne noch heute damit, die Illusion zu zerstören, dass du nur ein durchschnittlicher Mensch bist, der wenig zu bieten hat. Ich behaupte nicht, dass du ein geringes Selbstwertgefühl hast, aber wir alle sind irgendwie in dem Glauben gefangen, dass wir weniger wert sind.

Mittelmäßigkeit hat ihre Grenzen. Die Fantasie hat keine. Fordere deine Grenzen heraus, denn sie gehören dir. Du kontrollierst sie. Du bist nicht mittelmäßig, aber dein heutiges Handeln wird für sich selbst sprechen.

Wehre dich gegen alle mittelmäßigen Gedanken, die dich unter dem halten, wozu du fähig bist. Gib dich nicht mit weniger zufrieden, sondern strebe nach mehr.

KAPITEL 6

Versammle deinen Stamm von furchtlosen Kriegern

"Du bist der Durchschnitt der fünf Menschen, mit denen du die meiste Zeit verbringst."

- Jim Rohn

Wenn du dir deiner Ängste immer bewusster wirst, erkennst du auch die Ängste anderer Menschen. Du kannst all die Feinheiten und Ablenkungstaktiken erkennen, die Menschen anwenden, um ihrem emotionalen Schmerz zu entkommen.

Das ist anfangs beängstigend, und du wirst dir wünschen, wieder "blind" zu sein. Ich ermutige dich, aufmerksam zu bleiben und die Welt um dich herum zu beobachten. Du bewältigst nicht nur deine eigene Angst, sondern du wendest auch viel Energie auf, um die Angst anderer Menschen zu absorbieren oder sie in deinen eigenen ängstlichen Momenten auf andere abzuwälzen.

Die Welt der ängstlichen Menschen

Die meisten Menschen leben durch ihre Angst und wissen es nicht einmal. Sie stecken in mittelmäßigen Positionen in ihrem Job fest, und wenn sie für den Tag fertig sind, gehen sie nach Hause, um fernzusehen oder die Zeit totzuschlagen. Wenn sie kommunizieren, sind ihre Worte voller Angst und Selbstzweifel. Sie werden nur Maßnahmen ergreifen, die garantiert zu brauchbaren Ergebnissen führen. Sie haben ihre Träume aufgegeben, weil die Realität, in der sie jetzt leben, definiert hat, wer sie sind und wozu sie fähig sind.

Wir alle kennen diese Menschen. Sie sind unsere Freunde, Familienmitglieder und Mitarbeiter. So sehr wir sie auch lieben und ihnen helfen wollen, die Selbstfindung und den Weg in die Freiheit muss jeder für sich selbst entdecken.

Wenn du dich entschließt, dein Leben neu zu gestalten, wirst du als Erstes feststellen, dass nicht alle Menschen mit den neuen

Veränderungen zurechtkommen. Sie werden sich dir und allem, was du vorhast, widersetzen. Nicht, weil sie dich nicht mögen, sondern weil es eine Bedrohung für ihre Sicherheit ist.

Wenn du versuchst, über eine neue Fähigkeit zu sprechen, die du gelernt hast, oder über etwas anderes als das übliche Geplauder über das Leben, dem du entfliehen möchtest, wechseln sie das Thema und sprechen über Dinge, die dich früher interessiert haben. Aber du hast dich weiterentwickelt. Du bist nicht mehr interessiert.

Aus diesem Grund brauchst du vielleicht einen neuen Freundesstamm. Ich sage nicht, dass du deine alten Freunde aufgeben sollst. Sie werden immer da sein, aber nicht so, wie du sie haben willst.

Wenn du Entscheidungen auf höherer Ebene triffst, die mit alten Mustern und Vorgehensweisen brechen, wird etwas zurückgelassen. In den meisten Fällen ist es ein Job, über den du hinausgewachsen bist, oder eine Beziehung, die dich zurückhält.

Unsere Angst kann uns auf unbestimmte Zeit in diesen Situationen festhalten, wenn wir nicht mit ihnen brechen. Als ich Anfang 20 war, hatte ich eine Beziehung mit einem Mädchen, das mich zurückhielt. Sie wollte sich niederlassen und etwas Ernstes anfangen. Ich wollte die größeren Möglichkeiten des Lebens erkunden und sehen, was es da draußen gibt.

Meine Sehnsucht und mein Tatendrang waren ausschlaggebend für diese Entscheidung, aber es dauerte fast zwei Jahre, bis ich mich ganz von ihr lösen konnte. Ich hatte mich an die Bequemlichkeit der Beziehung gewöhnt, und meine Angst vor dem Alleinsein hielt mich in einer Situation, die ich zunehmend ablehnte.

Als ich all das hinter mir ließ und beschloss, die Bequemlichkeit des Verbleibs in einer Beziehung, die mich festhielt, aufzugeben, ging ich weiter. Ich ging und tat all die Dinge, von denen ich träumte.

Vorbereitung auf den Widerstand

Achte auf deine Freunde, die ängstliche Menschen sind. Sie machen sich Sorgen um ihre Zukunft und halten an ihren Ängsten fest, ohne Risiken einzugehen. Wenn du eine großartige Idee hast und ihnen davon erzählen musst, hörst du diese warnende Stimme: "Du weißt nicht, worauf du dich einlässt" oder "Ich habe Schlechtes über dieses System gehört."

Du siehst, dass viele Menschen ohne Bewusstsein aus ihrem angstbasierten Zentrum heraus handeln. Sie stecken immer noch in ihrem alten System fest. Sie glauben an Grenzen und scheuen sich vor Risiken oder davor, zu weit zu gehen. Das sind deine Familie, deine Freunde und deine Arbeitskollegen. Vielleicht liebst du sie und willst auch ihnen helfen, aber wenn du beschließt, die Art und Weise, wie die Dinge immer waren, zu ändern, musst du mit Widerstand rechnen.

Die Frage, die du dir stellen musst, lautet: Wie viel Zeit verbringst du mit ihnen? Die Menschen, mit denen du jeden Tag zu tun hast, werden zu einem Teil deines Lebens und definieren dich in vielerlei Hinsicht. Vergewissere dich, dass es die richtigen Leute sind.

Gleiches zieht Gleiches an. Wenn du dich also mit deinen Kumpels hinsetzt und dich beschwerst, kannst du in Zukunft mehr davon erwarten: Beschwerden, Gejammer und Gespräche, die noch mehr ängstliche Ideen hervorbringen. Nichts wird gelöst, und das Einzige, was wir teilen, ist eine Stunde negativer Reden.

Wenn du die angstbasierte Denkweise überwunden hast, kannst du dich über diese Handlung erheben. Wenn du das tust, werden dich die Leute fragen: "Was ist dein Problem? Ich dachte, du magst es, mit uns abzuhängen." Oder, die klassische Antwort: "Oh, jetzt bist du zu gut für uns. Ist es das?"

Sei auf den Widerstand anderer vorbereitet. Möglicherweise musst du dich von den üblichen Leuten distanzieren. Das heißt nicht, dass du all deine Freunde und Leute, die dein neues Ich nicht "verstehen", abservieren musst, aber wenn du die bewusste Entscheidung triffst, eine bestimmte Norm nicht mehr zu akzeptieren, bringst du das Boot ins Wanken, und die Leute werden sich aufregen.

Dein Heldenstamm sind die Menschen, die in direkter Linie mit deinen Handlungen, Zielen und Ambitionen stehen. Wenn du wie ich Schriftsteller bist, bist du von einer positiven Gruppe von Menschen umgeben, die dich unterstützen und mit denen du Ideen austauschen und deine Gedanken teilen kannst. Sie sind ein Teil deines Stammes.

Viele unserer Ängste sind nicht so sehr von uns selbst verursacht, sondern vielmehr von den Botschaften, die wir von anderen erhalten. Das geringe Selbstvertrauen und die Selbstzweifel einer Person können auf eine andere abfärben. Die negativen, schwachen Worte und Handlungen anderer Menschen führen dazu, dass wir uns noch stärker der Angst aussetzen. Sie wird zu einem Gruppenkollektiv.

Wenn man mit ängstlichen Menschen zusammen ist, lernt man, die Welt zu fürchten. Du wirst diese Angst beibehalten und sie bis ins hohe Alter mit dir herumtragen, wenn du sie nicht änderst. "Gleich und gleich gesellt sich gern", und das ist die Wahrheit.

Menschen mit positiver Energie und aufstrebenden Zielen werden sich höchstwahrscheinlich nicht mit denen herumtreiben, die ihre Zeit mit wertlosen Aufgaben vergeuden. Negative Menschen werden sich immer Gleichgesinnte suchen.

Finde deine Nische Unterstützung

Dein Stamm von furchtlosen Kriegern sind die Menschen, die für dich da sind, wenn du sie brauchst. Sie sind diejenigen, die dich anspornen, dein größtes Potenzial auszuschöpfen. Sie sind da, wenn du bereit bist, den großen Sprung auf die nächste Ebene zu wagen. Sie wissen, was du tun kannst, und sie wollen mehr als alles andere, dass du Erfolg hast.

Sie werden dich nicht zurückhalten, denn das würde dich verleugnen, wer du bist. Wir alle wünschen uns ein "Dreamteam" von Menschen, die uns in schwierigen Zeiten zur Seite stehen können; Männer und Frauen, die schon alles erlebt haben und sich nicht scheuen, mit jemandem, der Probleme hat, noch einmal durchzugehen.

Denke daran: Dein Erfolg ist ein Spiegelbild der fünf Menschen, mit denen du die meiste Zeit verbringst. Also, wer sind sie? Inspirieren sie dich und heben sie dich hoch? Wenn nicht, wie ist deine Beziehung zu ihnen? Ein guter Freund von mir, der 20 Jahre lang verheiratet war, verließ seine Frau, als er merkte, dass sie seinen Traum vom eigenen Unternehmen nicht unterstützen konnte und wollte.

Er versuchte, die Ehe zu retten, aber sie war nur an seinem Tagesjob interessiert, der ihr einen Gehaltsscheck einbrachte. Die Gründung eines eigenen Unternehmens würde Geld kosten, es würde eine Zeit lang eng werden, und sie würde nicht den Luxus haben, mit einem Festangestellten zusammenzuleben und einen wöchentlichen Gehaltsscheck zu erwarten. Er hatte zwei Möglichkeiten: Entweder er blieb bei seinem verhassten Job oder er ließ sich scheiden.

Er ergriff die Chance, verfolgte seinen Traum und hat nie zurückgeblickt. Jetzt führt er sein eigenes Unternehmen und tut das, was er schon immer tun wollte. Seine Frau fand einen anderen Mann, der einen festen Job hatte, um ihren Lebensstil zu finanzieren, und er führt jetzt sein eigenes Unternehmen und tut das, was er schon immer tun wollte.

Du musst über die Menschen, mit denen du deine Zeit verbringst, nachdenken und sie beobachten. Wer sind deine Freunde und Bekannten, abgesehen von der Familie? Sind sie nur Passanten oder hast du echte Beziehungen zu ängstlichen Freunden? Wenn ja, was kannst du tun? Denke daran, dass du nur dich selbst in einer bestimmten Situation ändern kannst.

Ich war in vielen Situationen, in denen ich versucht habe, etwas an mir zu ändern, aber jedes Mal, wenn ich mit Menschen zusammenkam, die Risikobereitschaft und Veränderung als eine Art Bedrohung für ihr Überleben ansahen, zweifelte ich am Ende an meinem Lebensziel. Ich wurde wieder in ein Gespräch darüber hineingezogen, wie schwer das Leben ist, und hörte mir all die Gründe (d. h. Ausreden) an, warum das Leben so schwer ist. Jedes Mal, wenn ich mich in diese Situation begab, war es, als würde ich meinen Erfolgsmesser auf Null zurücksetzen.

Achte du auf die Menschen, die versuchen, dich zu behindern. Es scheint, als würden sie eine Art

Sabotage betreiben. Sie fragen dich vielleicht: "Warum tust du das?" oder "Was ist in dich gefahren?" Wir müssen erkennen, dass die Menschen immer noch mit ihren eigenen Dämonen und persönlichen Problemen zu kämpfen haben. Wenn sie noch nicht so weit sind, ist es das Beste, wenn du die Tür für sie offen lässt. Vielleicht werden sie eines Tages zu dir stoßen. Aber wenn du für dich selbst einstehst und weißt, dass dich nichts aufhalten kann, hast du die Wahl.

Wie mein Freund, der seine Ehe verlassen hat, hätte er, wenn er geblieben wäre, auf kurze Sicht den einfachen Weg gewählt. Langfristig hätte er eines Tages gemerkt, dass er seine Chance auf Erfolg verpasst hatte. Als er die Chance ergriff und sich mit einigen Geschäftspartnern zusammentat, die Teil seines Stammes wurden, veränderte sich sein gesamtes soziales Umfeld.

Du musst wissen, wen du loslassen kannst; du musst entscheiden, wer sich deiner Kampagne der furchtlosen Krieger anschließen soll. Du musst die persönlichen Eigenschaften deines Stammes kennen und ihnen vertrauen, damit du sofort weißt, wenn du sie findest.

Das ist das Tolle an der heutigen Technologie: Wir können unser Beziehungsuniversum erweitern, ohne das Haus zu verlassen. Dein Stamm von Kriegern ist da draußen, und du kannst ihn finden, wenn du es versuchst. Ich habe meinen Kriegerstamm in den letzten zwei Jahren zusammengestellt, und das hat alles verändert.

Umgang mit Veränderungen in Beziehungen

Wenn du beginnst, dich von deiner angstbasierten Denkweise zu lösen, lässt du auch die Menschen zurück, die dort noch feststecken.

Stell dir Folgendes vor: Vor dir befinden sich zwei Türen in einem langen Flur. Hinter Tür Nr. 1 befindet sich deine Freiheit und dein neuer Stamm von Unterstützern und Menschen, die lieben, was du aus deinem Leben machst. Sie wollen, dass du den großen Sprung wagst und ausbrichst.

Hinter Tür Nr. 2 befindet sich die alte Art zu denken, zu handeln und zu sein. Die Macht hinter dieser Tür ist es, die dich festhält. Aber du hast immer noch einige Freunde dort, und sie halten sich fest und flehen dich an, nicht zu gehen.

Du musst eine Entscheidung treffen. Man kann nicht alles haben. Jahrelang habe ich nach der einen Tür gegriffen, wurde aber von der anderen zurückgehalten. Entweder bleibst du in deinem ängstlichen Zustand (z. B. Knappheit, Begrenzungen, Negativität) oder du bewegst dich in das Zentrum der Macht (z. B. Fülle, Möglichkeiten, positiver Einfluss).

Das bedeutet nicht, dass du die Menschen "loswerden" musst, die dich bisher auf deinem Weg begleitet haben. Das Beste, was wir tun können, ist, diese andere Tür für sie offen zu lassen. Es ist eine Einladung. Wenn sie bereit sind, können sie hindurchgehen.

Denke daran: Wenn du aus deiner Angstzone herauskommst, wirst du das Boot ins Wanken bringen. Du wirst dich ermächtigt fühlen, harte Entscheidungen zu treffen, gegen die sich einige Leute wehren werden. Dein alter Stamm will nicht, dass du dich veränderst, nicht weil er sich nicht um dich sorgt, sondern weil er Angst hat, zurückgelassen zu werden. Die Tür ist immer offen, wenn sie hindurchgehen wollen.

Du wirst dieses Maß an Widerstand in den meisten deiner täglichen Interaktionen finden: mit Freunden, mit der Familie und bei der Arbeit. Du wirst versucht sein, dich in die Angstzone zurückziehen zu lassen, weil das viele Jahre lang deine Komfortzone gewesen ist. Wenn das passiert, ist das in Ordnung. Sobald du dich von deiner angstbasierten Denkweise gelöst hast, wird es dir leichter fallen, dich weiter von ihr zu entfernen.

Dies gilt besonders für Beziehungen (z. B. Ehen, romantische Beziehungen), wenn eine Person etwas Neues entdeckt und der andere Partner sich durch diese neue Entdeckungsreise bedroht fühlt. Eine Person befindet sich auf einem Wachstumspfad, und die andere ist noch nicht bereit, diesen Weg zu gehen. Wenn das passiert, muss man entweder durchhalten und zusammenwachsen oder sich trennen.

Dein größter Krieger im Stamm

Versuche, einen Mentor oder Verantwortungspartner zu finden, der dich unterstützt. Ein Mentor kann dich durch schwierige Zeiten begleiten, wenn du Probleme hast. Es ist jemand, der in der Entwicklungskette weiter oben steht und Antworten geben, Vorschläge machen oder manchmal auch nur sagen kann, wie es ist.

Die Vorbildfunktion eines Mentors ist ein guter Weg, um einen Sprung nach vorn zu machen. Diese Person könnte eine Führungskraft, ein Coach für persönliche Entwicklung oder eine Führungspersönlichkeit der Gemeinschaft sein.

Wenn du in einer angstbasierten Denkweise feststeckst, kannst du dich befreien, indem du dir die Verhaltensweisen und Einstellungen erfolgreicher, positiver Menschen zum Vorbild nimmst. Wenn du auf eine bestimmte Art und Weise handeln und sein willst, suche nach Menschen, Führungskräften und Trainern, die so handeln und sind, wie du es anstrebst.

Rechenschaftspflichtige Partner sind ebenfalls wichtig. Das sind Menschen, mit denen du in sozialen Netzwerken interagieren kannst, oder jemand aus deiner Gemeinschaft. Das kann ein Arbeitskollege oder ein Freund sein. Vielleicht nimmst du gemeinsam mit anderen an einem Kurs teil und ihr müsst euch gegenseitig für die Erreichung von Zielen und die Erledigung von Aufgaben verantwortlich machen.

Ich telefoniere wöchentlich mit meinen Verantwortungspartnern. Nach diesen Gesprächen fühle ich mich zuversichtlich und voller positiver Energie. Alle Ängste oder Sorgen, die wir haben, können wir in einem Gespräch besprechen.

Dein Verantwortungspartner ist in der Regel jemand, der im selben Boot sitzt wie du und ähnliche Ziele anstrebt. Die meisten Menschen, die fest entschlossen sind, ihre Ziele zu erreichen und ernsthafte Veränderungen in ihrem Leben vorzunehmen, haben einen Verantwortungspartner, einen Mentor oder beides an ihrer Seite.

Suche dir einen Partner, der für dich einsteht, und telefoniere wöchentlich oder trefft euch an einem bestimmten Ort. Besprecht, wo ihr steht und welche Schritte ihr unternehmen müsst, um euch gegenseitig zu helfen.

Baue deinen Heldenstamm auf, indem du dich mit Menschen verbindest, die positiv sind und einen großen Einfluss auf dein Leben haben. Sei dir bewusst, wie sich diese Veränderungen auf deine Mitmenschen auswirken, und passe dich entsprechend an. Du kannst ihnen mitteilen, was du tust, und wenn sie daran interessiert sind, können sie sich dir anschließen. Wenn nicht, steht die Tür immer offen, wenn sie dazu bereit sind.

KAPITEL 7

Eine "Nichts zu verlieren" -Mentalität annehmen

"Lass dich niemals von Menschen, die den Weg des geringsten Widerstandes wählen, von dem von dir gewählten Weg des größten Widerstandes ablenken."

- David Goggins,
Bestsellerautor von Can't Hurt Me

Ich war früher ein sehr unentschlossener Mensch. Bevor ich eine Entscheidung traf, habe ich alle Risiken abgewogen. Ich wog das Risiko gegen die Belohnung ab und dachte auch an die Verluste, wenn meine Entscheidungen schlecht ausfielen.

Ich habe das Ergebnis immer stark abgewogen. Aber was mich davon abhielt, eine bestimmte Maßnahme zu ergreifen, die mein Leben zum Besseren verändern könnte, war die Angst vor

Verlust. Wenn ich versagte und die falsche Entscheidung traf, würde ich etwas verlieren, das mir sehr wichtig war.

Die Angst vor Verlust ist die alles verzehrende Ausrede, die uns dazu bringt, immer das Gleiche zu tun und nichts Neues auszuprobieren.

Es kommt immer wieder zu dieser entmutigenden Frage: *Was ist, wenn ich versage?*

Ja, vielleicht. Du wirst wahrscheinlich ein paar Mal hinfallen. Und eines Tages wirst du auch sterben. Wenn wir auf dem Sterbebett liegen, werden wir uns dann immer noch dieselbe Frage stellen wie bei all den Dingen, die wir nie ausprobiert haben: "Was, wenn ich versage?"

Wenn du dich nicht entscheidest, entscheidest du dich standardmäßig dafür, dort zu bleiben, wo du bist. Wenn du eine Entscheidung hinauszögerst, die ein Ergebnis haben wird, legst du dein Leben auf Eis ... auf unbestimmte Zeit. Du kannst nur dann eine Veränderung herbeiführen oder dich aus der Sackgasse befreien, wenn du aktiv wirst.

Wartest du darauf, dass jemand anders entscheidet? Es wird passieren, aber es wird selten zu deinen Gunsten sein. Wenn du dich nicht entscheidest, wird immer jemand anderes bereit sein, für dich zu entscheiden ... und du verlierst deine persönliche Macht. Deine eigene Hand entmachtet dich.

Es ist die Angst vor dem Ergebnis, die uns davon abhält, eine Entscheidung zu treffen. Wir fürchten, etwas zu verlieren, aber ironischerweise fürchten wir in vielen Fällen, die Dinge zu verlieren, die wir gar nicht haben.

Ein Beispiel: Mein Freund hasste seinen Job, aber er hatte Angst davor, zu einem Vorstellungsgespräch bei einem anderen Unternehmen zu gehen. Als ich ihn fragte, warum, sagte er: "Was ist, wenn sie mich ablehnen oder mir sagen, dass meine Fähigkeiten für die Stelle nicht ausreichen? Was ist, wenn ich die Stelle annehme, es nicht klappt und ich dann kündigen muss? Dann habe ich keine anderen Möglichkeiten, auf die ich zurückgreifen könnte. Was ist, wenn sie mich in die Personalabteilung stecken und ...?"

Mein Freund war in das "Was wäre wenn"-Spiel verwickelt, das uns bei Entscheidungen immer wieder Probleme bereitet. Wenn wir uns auf die möglichen negativen Folgen konzentrieren, die unweigerlich ein Risiko darstellen, machen wir uns Gedanken darüber, was passieren wird. Was, wenn es nicht klappt? Was, wenn sie mich nicht mögen? Was ist, wenn ich Geld verliere? Was ist, wenn ich noch einmal von vorne anfangen muss?

Eine perfekte Entscheidung gibt es nicht. Wenn du darauf wartest, dass der richtige Zeitpunkt kommt, der Moment perfekt ist oder alle Sterne perfekt stehen, wirst du ewig warten.

Dann wird jemand anderes die Entscheidung treffen, die du nicht getroffen hast. Du wirst das bekommen, wovor du zurückgeschreckt bist.

Aber es geht nicht darum, durch eine Entscheidung zu gewinnen oder zu verlieren. Du stärkst deine Angst nicht, wenn du NUR ein gutes und positives Ergebnis erzielst. Du ermächtigst dich selbst, indem du die Entscheidung in die Tat umsetzt. Das Treffen der Entscheidung ist der Sieg.

Das stimmt nicht nur, wenn es klappt, sondern wenn man etwas unternimmt und weiß, dass man wahrscheinlich scheitern wird, *dann* hat man gewonnen. Es geht nicht nur darum, etwas zu tun und zu erwarten, dass man gewinnt, sondern es zu tun und zu akzeptieren, was passiert. Das ist der Anfang von Mut. In dieser einfachen Wahrheit liegt die Kraft. Das Ergebnis ist irrelevant.

Vergiss den Rest.

Triff eine Entscheidung und du kannst den Rest loslassen. Man kann das Ergebnis zukünftiger Entscheidungen nicht vorhersagen, egal wie logisch oder perfekt sie erscheinen mögen. Ich habe Entscheidungen getroffen, die mir damals wie goldene Eier erschienen und die ich nicht verlieren konnte, aber ich habe sie getroffen. Ich habe Tausende von Dollar mit einer finanziellen Entscheidung verloren, von der ich überzeugt war, dass sie ein Gewinn sein würde.

Hätte ich die gleiche Entscheidung getroffen, wenn ich geahnt hätte, dass ich mein Geld verlieren könnte? Wahrscheinlich nicht, aber wenn man sich nicht zu etwas verpflichtet, kann man auch nichts erreichen. Man muss sich auf den Kurs einlassen und auf dem Weg bleiben. Nicht alles wird am Ende gut sein, aber wenn du dich zurückhältst und nichts tust, wirst du nie wissen, wie weit du hättest kommen können.

Du wirst in dem Moment erfolgreich sein, in dem du deine Entscheidung triffst. Vergiss das Ergebnis. Konzentriere dich auf den Moment und die Energie deiner bewussten Entscheidungen.

Es ist so: Es wird immer Angst geben, wenn es darum geht, eine Entscheidung zu treffen, und je größer die Entscheidung ist, desto größer ist die Angst, die auf einen zukommt.

Entmündigende Entscheidungen

Ich möchte, dass du über diese drei Fragen nachdenkst:

1. *Was würdest du ab heute tun, wenn du keine Angst vor Entscheidungen, Handlungen oder zukünftigen Ergebnissen hättest?*
2. *Was würdest du tun, wenn du genau wüsstest, dass du auf keinen Fall scheitern kannst?*
3. *Was würdest du tun, wenn du volles Vertrauen in deine Fähigkeiten und Fertigkeiten und keine Angst hättest?*

Es ist nicht leicht, darüber nachzudenken. Das liegt daran, dass wir die meiste Zeit unbewusst denken, analysieren und das Gute mit dem Schlechten abwägen. Wir wägen die Angst vor dem Handeln mit dem "Was wäre wenn"-Denken ab.

Hier ein Beispiel. Anstatt sich vorzustellen, was sein könnte (d. h., was man gewinnen könnte), ist unser Verstand so verdrahtet, dass er das Ergebnis einer Niederlage fürchtet. Was habe ich zu verlieren? Und schlimmer noch: Kann ich es mir leisten, zu verlieren?

Wir werden von unserer eigenen Angst besiegt, sobald wir versuchen, gegen den Widerstand anzugehen. Es wird zu einem verrückten Zirkus ... in unseren Köpfen! Du willst das tun, aber was ist, wenn ...

- *Was ist, wenn ich Geld verliere?*
- *Was ist, wenn die neue Situation schlimmer ist als die jetzige?*
- *Was ist, wenn ich immer noch unglücklich bin?*

Das Ergebnis ist, dass man sich entweder nicht entscheidet oder eine halbherzige Entscheidung trifft. Du lässt die Tür offen, falls es schiefgeht und du einen Fluchtplan brauchst.

Anstatt dich auf eine bestimmte Vorgehensweise festzulegen und diese umzusetzen, verhandelst du mit deiner Angst. Mit einem Auge hast du dein Ziel vor Augen, mit dem anderen hältst du Ausschau nach Gefahren, und wenn etwas schiefgeht, fliehst du.

Der erste Schritt besteht darin, zu erkennen, dass man darauf programmiert ist, alles zu fürchten. Von klein auf wird uns beigebracht, dass die Welt ein beängstigender Ort ist. Wir sehen es jeden Tag in den Nachrichten. Sie existiert innerhalb und außerhalb unserer Häuser. Die Angst regiert und wir sind ihre Diener.

Wenn wir nicht erkennen, dass wir den Lügen der Angst auf den Leim gehen, wird unser Leben von den Umständen bestimmt. Wir werden darauf programmiert, in einem System zu denken und ihm zu vertrauen, das uns in der Falle hält.

Du bist der Herr deines Lebens. Die Angst ist nicht dein Herr, sondern ein Diener deiner höheren Entscheidungen. Mit einer "Nichts zu verlieren"-Mentalität kannst du deinen Geist auf eine neue Vorgehensweise programmieren.

Dein angstbasierter Verstand wird dir starken Widerstand entgegensetzen. Er mag keine neuen Konzepte. Er bevorzugt ein Sicherheitsnetz aus Regeln, Vorschriften und strikter Einhaltung der emotionalen Kontrolle. Du kannst das in deinem eigenen Verstand umkehren.

Jetzt:

- Triff so viele Entscheidungen, wie du kannst. Lass das Ergebnis los.
- Nichts ändert sich im Leben, wenn man keine harten Entscheidungen trifft.
- Lass die Vorstellung los, dass du entweder gewinnen oder verlieren wirst. Eine Entscheidung bedeutet, dass du

Verantwortung übernimmst und dein Leben selbst in die Hand nimmst.

Bei 9 von 10 Entscheidungen könntest du scheitern - aber was ist mit der einen Entscheidung, die wirklich zählt?

KAPITEL 8

Lernen zu scheitern, bevor man Erfolg hat

"Probiere etwas, das du noch nie getan hast, dreimal aus. Einmal, um die Angst zu überwinden, es zu tun. Zweimal, um zu lernen, wie man es macht. Und ein drittes Mal, um herauszufinden, ob du es magst oder nicht."

- Virgil Thomson

F. Das stand auf den meisten meiner Mathe-Tests in der Highschool. Geschrieben in großer roter Tinte.

F wie **Fehlgeschlagen.**

Schlimmer noch - den anderen Kindern wurde mein Versagen vor Augen geführt, weil unsere Lehrerin, die ein Beispiel dafür geben wollte, was passiert, wenn man nicht lernt (und ich gebe zu, dass ich nicht viel gelernt habe). Sie hängte die nicht bestandenen Tests eine Woche lang im hinteren Teil des Raums auf.

Die schlauen Kinder kicherten, und diejenigen, die gerade noch so durchkamen, waren dankbar, dass ihnen die Demütigung erspart geblieben war. Ich gehörte nicht zu den schlauen Kindern, ich war mittelmäßig, und ich hasste es.

Ich mochte die Schule nicht sonderlich. Es lag nicht an der Arbeit oder der Umgebung, sondern an den Erwartungen. Von klein auf habe ich mich bemüht, gute Leistungen zu erbringen, und es ist mir nie gelungen. Schließlich akzeptierte ich meine eigene Mittelmäßigkeit und dass ich einfach nicht klug war. Wenn du an deine Grenzen glaubst, werden sie für dein ganzes Leben zum Maßstab für Erfolg oder Misserfolg, es sei denn, du korrigierst deinen inneren Kompass.

Wenn man bei den meisten Dingen versagt, entwickelt man die Einstellung, dass Versagen unvermeidlich ist. Wenn man akzeptiert und erwartet, dass man schlecht abschneidet, wird man auch schlecht abschneiden. Deine Einstellung ist darauf konditioniert, einen Misserfolg als etwas zu betrachten, für das du bestraft werden solltest.

So sind viele Dinge in der Gesellschaft geregelt. Wenn man erfolgreich ist, wird man gelobt und befördert oder bekommt mehr Geld; wenn man versagt, wird man degradiert und etwas wird einem weggenommen. Das ist das Spiel von Plus und Minus.

Ich hatte mich daran gewöhnt, meine Prüfungsunterlagen an der Rückwand des Klassenzimmers zu sehen. Am Anfang störte mich das; ich hatte dieses Gefühl der Scham, von dem ich wünschte, es würde verschwinden. Ich hasste es, in die Klasse zu kommen und zu wissen, dass meine Arbeit die einzige an der hinteren Wand war. Das hat uns nicht angespornt, uns zu verbessern. Es hat uns darauf konditioniert, Misserfolge zu vermeiden.

"Siehst du, was passiert, wenn du keinen Erfolg hast? Wir machen euch Angst, damit ihr gut abschneidet." Aber das Experiment ging nach hinten los. Irgendwann war es mir egal. Ich bin sogar absichtlich durchgefallen, nur um meinen Lehrern zu zeigen, dass es mir scheißegal war. Mein Trotz war mein Sieg.

Ich habe nie gelernt, wie man versagt. Den meisten von uns Schülern wurde beigebracht, schlechte Leistungen zu vermeiden. Wenn du versagst, bekommst du eine Sechs. Wenn du gut bist, bekommst du eine Belohnung. Das war klar und deutlich.

Im Laufe der Jahre haben wir gelernt, dass es nicht gut ist, zu versagen. Wenn man versagt, lässt man das Team im Stich. Du wirst es nicht schaffen. Die einzige Möglichkeit, im Leben voranzukommen, besteht darin, einen Vorsprung zu haben, eine unschlagbare Strategie.

Aus Angst vor dem Scheitern ziehen wir uns immer mehr zurück. Wir vermeiden Risiken. Wir wählen den einfachen Weg und den Weg des geringsten Widerstands. Wir gewöhnen uns an die Mittelmäßigkeit, unter unserem wahren Potenzial zu leben, weil der Erfolg nur denjenigen vorbehalten ist, die gute Leistungen erbringen können.

Wenn du in deinem Leben kläglich gescheitert bist und für deine Bemühungen verspottet wurdest, hast du vielleicht Ressentiments gegenüber dem Erfolg entwickelt. Das passiert, wenn dir beigebracht wird, dass Versagen nicht toleriert wird. Anstatt zu lernen, zu scheitern, damit du mit der Zeit auf den Erfolg aufbauen kannst, erhältst du die Botschaft, dass du jedes Mal ins Schwarze treffen musst. Man muss perfekt sein in dem, was man tut, oder man darf es gar nicht tun.

Als ich ein Kind war, wollte ich Klavier spielen. Man sagte mir, ich hätte kein musikalisches Talent. Also habe ich nie gespielt. Ich habe der Meinung eines Mannes geglaubt, und bis zum heutigen Tag hatte ich immer den Wunsch zu spielen. Wenn ich ein Klavier sehe, verspüre ich immer noch den Drang, mich hinzusetzen und darauf zu spielen - obwohl ich keine Noten lesen kann. Lass nicht zu, dass andere dir vorschreiben, wozu du fähig bist.

Lass dich nicht von der Angst der anderen davon abhalten, das zu tun, was du liebst. Es ist in Ordnung, zu scheitern. Nur so lernt man. Wenn du es nicht richtig machst, machst du es am Ende richtig gut. Scheitern ist dein größter Lehrmeister. Wenn du lernst zu scheitern, kannst du deinen Ansatz und deine Strategie verbessern.

In 4 Schritten das Scheitern lernen

1. Scheitern ist eine Perspektive. Es gibt eine Redewendung für das Scheitern: "Zwei Schritte vor, drei Schritte zurück." Ein guter Mentor hat mir beigebracht, dass Scheitern nie bedeutet, einen Schritt zurück zu machen. Wenn man lernt, wie man etwas *nicht* macht, ist das genauso wichtig, wie wenn man es beim ersten Mal richtig macht.

Aber noch besser ist, dass die Menschen, die nach dir kommen und das Gleiche versuchen werden, den Fehler vermeiden können, wenn sie deinem Modell folgen. Ein Pionier, der den ersten Schritt wagt, wird nie als Versager, sondern als Innovator angesehen.

War **Steve Jobs** ein Versager? Er verließ das College. Apple feuerte ihn, nachdem Jobs fälschlicherweise (nach eigenem Bekunden) John Sculley eingestellt hatte. Er brachte zahlreiche misslungene Produkte auf den Markt, wie den Macintosh TV und die Apple Lisa, die das Unternehmen Millionen kosteten. Steve Jobs verstarb 2011 und Apple ist heute über 710 Milliarden wert. Nicht schlecht für ein Garagen-Start-up.

Die Autorin **J. K. Rowling** scheiterte jahrelang als Schriftstellerin. Zwölfmal wurde sie von traditionellen Verlagen abgelehnt und aufgefordert, ihren Job nicht aufzugeben. Sie machte weiter. Die Harry-Potter-Reihe hat sich weltweit fast eine halbe Milliarde Mal verkauft. J. K. Rowling hat auch ihren normalen Job aufgegeben.

Walt Disney wurde von seinem Job beim Kansas City Star gefeuert und ihm wurde gesagt, es fehle ihm an Fantasie. Daraufhin schuf er Meisterwerke der Animation wie Schneewittchen und Peter Pan. Die Walt Disney Company steht heute auf Platz 11 der wertvollsten Marken der Welt.

Colonel Sanders wurde an Dutzenden von Orten gefeuert und abgewiesen, bevor sein Hähnchenrezept verkauft wurde. Heute gibt es 18.875 KFCs auf der ganzen Welt. Bis heute ist das Rezept unbekannt.

Thomas Edison ist tausende Male gescheitert. Im Laufe seines Lebens entwickelte er über 1.000 Patente, darunter auch die Glühbirne.

L. Frank Baums *Der Zauberer von Oz* wurde so oft von Verlegern abgelehnt, dass er einen dicken Ordner mit Ablehnungsschreiben anlegte, den er *Eine Bilanz des Scheiterns* nannte. *Der Zauberer von Oz wurde* in über 50 Sprachen übersetzt und in Dutzenden von Ländern in zig Millionen

Exemplaren veröffentlicht. Der Film war ebenso beliebt wie das Buch. Man schätzt, dass über eine Milliarde Menschen *den Zauberer von Oz gesehen haben,* mehr als jeden anderen Film.

Das Scheitern ist allgegenwärtig. Vielleicht denkst du jetzt: "Oh, aber diese Menschen waren anders. Sie hatten Talent und Motivation. Sie hatten großartige Ideen. Ich habe nichts von alledem."

Talent bedeutet in Wirklichkeit viel harte Arbeit und Fehler machen, bis man es richtig macht. Vergiss das Symptom "Wunderkind". Das gibt es nur selten. Die erfolgreichen Menschen, die du jeden Tag siehst und von denen du jeden Tag hörst, haben gelernt, sich durchzubeißen und weiterzumachen. Sie haben gelernt, zu scheitern, egal was die Neinsager ihnen vorwerfen. Du kannst das Gleiche tun.

Wenn du aufgibst, weil jemand sagt, du hättest nicht das Zeug dazu, gibst du deine Macht an diese Person ab. Du verkaufst dich selbst unter Wert. Mach das einmal und du wirst es immer tun.

Zu lernen, zu scheitern, bedeutet, die Wahrheit zu akzeptieren. Ich muss zuerst scheitern, um dorthin zu gelangen, wo ich sein will. Man muss erst scheitern, bevor man das Rennen gewinnt.

2. Du lernst, Perfektion zu entmachten. Perfektionistisches Denken ist eine Denkweise, die besagt: "Mir geht es gut, solange ich es richtig mache ... beim ersten Mal." Der Fehler ist, dass *niemand* es beim ersten Mal richtig macht. Perfektion hat ihre Macht in der angstbasierten Denkweise. Perfektion hält mehr Menschen fest als jede andere Form des Widerstands.

Aber wer ist schon perfekt? Ich kenne viele Menschen, die *glauben,* sie seien es. Ich habe die meiste Zeit meines Lebens mit Perfektionismus zu kämpfen gehabt, der aus dem Glauben geboren wurde, dass Versagen schlecht ist, dass wir es vermeiden sollten und dass wir in allem, was wir tun, perfekt sein müssen.

Wenn du mit einer perfektionistischen Einstellung arbeitest, wirst du viel Angst haben, wenn etwas schiefgeht.

Und es wird einiges schiefgehen. Es werden Fehler gemacht. Menschen werden verletzt oder verärgert sein. Sie werden dich vielleicht sogar dafür kritisieren, dass du es vermasselt hast. Perfektionismus ist ein Werkzeug, das ängstliche Menschen benutzen, um den Wert von allem um sie herum zu messen. Wenn es perfekt ist, ist es wertvoll; wenn nicht, ist es nutzlos.

Menschen, die in einem kritischen Umfeld aufgewachsen sind, entwickeln eine perfektionistische Einstellung. Sie werden dadurch gelähmt.

Die Angst, etwas Neues auszuprobieren, ist so übermächtig, dass sie nichts tun. Das ist die größte Schwäche und eine Lüge. Du denkst vielleicht, dass du perfekt sein musst, aber selten hat jemand anderes so hohe Erwartungen, wie du sie an dich selbst stellst. Und wenn doch, dann ist das ihr Problem und nicht deines.

Du kannst deinen Perfektionismus entmachten, indem du einfache Schritte stärker betonst und dich darauf konzentrierst. Wenn du ein Buch schreibst und befürchtest, dass dein Text nicht perfekt ist und keine perfekte Prosa und Grammatik enthält, schreib einen Satz und lass ihn eine Weile ruhen. Dann tu es wieder und wieder. Zerlege die Handlung in die kleinstmögliche Aufgabe.

Man gerät in den Perfektionsmodus, wenn man die Aufgabe oder das Ideal aus mikroskopischer Sicht betrachtet. Du denkst über all die feinen Details nach, die nötig sind, um etwas zu erreichen. Das ist der Moment, in dem du aus Angst davor, etwas zu beginnen, zögerst. Nimm die einfachste Aufgabe, die du finden kannst, und konzentriere dich darauf. Es wird nicht perfekt sein, und niemand ist da, um dich dafür zu kritisieren.

Je mehr du anfängst zu tun, desto leichter wird es dir fallen. Du wirst deine Angst abbauen, indem du es tust - selbst wenn es eine einfache Aufgabe ist. Du kannst eine Liste mit Aufgaben erstellen, die sich auf ein Ziel konzentrieren, das du schon immer erreichen wolltest, und etwas in Angriff nehmen, zu dessen Erfüllung du dich getrieben fühlst.

Beschließe, dich jeden Tag auf eine Sache zu konzentrieren, die dich deinem Ziel näher bringen wird. Jeder kleine Schritt zählt. Meine Definition von "Fortschritte machen" ist, die Dinge, die am wichtigsten sind, in kleinen Stücken zu erledigen. Ich versuche nicht, alles auf einmal zu erledigen, sondern mache jeden Tag kleine Schritte.

Dies ist die perfekte Gelegenheit, sich der "bösen Stimme" bewusst zu werden, die dir sagt: "Du bist nicht gut. Das warst du noch nie. Was machst du da?" Es ist die Stimme der Vergangenheit und sie ist voll von ängstlichen Worten und schlechtem Einfluss. Meistens ist sie auf stumm geschaltet und du merkst nicht einmal, dass sie da ist. Sei dir ihres Untertons bewusst. Sie ist voll von Lügen.

3. Man lernt aus dem, was nicht funktioniert. Niemand macht es beim ersten Mal richtig. Genau darum geht es beim Lernen. Es ist unsere Erwartung, es gleich beim ersten Mal richtig zu machen, die uns davon abhält, jedes Mal erfolgreich zu sein. Wenn man Perfektion erwartet, denkt man zwar darüber nach, es zu tun, aber man versucht es gar nicht erst.

Dein Verstand wird dir die Illusion vermitteln, dass du nicht scheitern kannst, solange du es nicht versuchst. Wenn du dieser Philosophie folgst, kannst du nicht aus dem lernen, was nicht funktioniert. Du kannst deine Angst vor dem Scheitern stärken, indem du aus dem lernst, was der Misserfolg dich lehrt.

Als ich anfing, Bücher zu schreiben, war ich eine Niete im Schreiben. Meine Prosa und Grammatik waren völlig durcheinander, und die Sätze waren klobig und voller Klischees. Mein Schreiben ist immer noch nicht perfekt, aber es ist besser als früher. Im Laufe der Jahre habe ich gelernt, mir einen bestimmten Schreibstil anzueignen, aber das ging nur mit viel Übung. Du bist vielleicht kein Schriftsteller, aber vielleicht treibst du Sport oder machst Musik, oder versuchst, ein Online-Unternehmen zu gründen.

Glaube mir: Du wirst eine Menge Fehler machen. Die einzigen, die das nicht tun, sind diejenigen, die in ihrer Komfortzone sitzen und zu viel Angst haben, es zu versuchen. Aber sie werden diejenigen kritisieren, die es vermasseln. Jahrelang hatte ich Angst, etwas zu veröffentlichen, weil ich kritisiert wurde. Aber jetzt kann ich sie als Teil des Kurses akzeptieren.

Lerne von dem, was funktioniert. Lerne noch mehr aus dem, was nicht funktioniert. Passe deine Strategie an und probiere eine neue Strategie aus. Passe weiter an. Versuche weiter. Setze dich weiter durch.

4. Man baut eine Resistenz gegenüber Fehlern auf. Man kann lernen zu scheitern, indem man es tut. Menschen, die nach den ersten Fehlschlägen aufgeben, konditionieren sich selbst darauf, aufzugeben, wenn es schwierig wird. Um erfolgreich zu sein, muss man darauf vorbereitet sein, nicht erfolgreich zu sein.

Denke daran, dass es kein "zwei Schritte vor, drei Schritte zurück" gibt, wenn ein Misserfolg ein weiterer Schritt zum Erfolg ist. Du kannst dich selbst desensibilisieren, wenn du Fehler machst. In der Schule habe ich mich so sehr an Misserfolge gewöhnt, dass es mir egal war. Dann fing ich an, besser zu werden. Aber ich musste das Scheitern erst akzeptieren. Ich musste mich daran gewöhnen. Dann beschloss ich, etwas zu verändern.

Du wirst bei allem, was du dir wünschst, erfolgreich sein, wenn du dranbleibst und dich bewegst. Sei wie ein Boxer im Ring; steh nicht einfach da und warte darauf, geschlagen zu werden. Lass dich auf die Schläge ein. Du könntest zu Boden gehen, aber du verlierst nur, wenn du am Boden bleibst.

Betrachte Misserfolge als einen notwendigen Teil deiner Reise zum Erfolg. Wenn ein Schiff in See sticht, passt es ständig seinen Kurs an. Das muss es, sonst läuft es auf die Felsen auf. Unsere Misserfolge und Fehler sind all die kleinen Anpassungen, die wir auf unserem Weg vornehmen müssen.

Du brauchst keine Angst zu haben, wenn du das Scheitern als ein notwendiges Element für deine persönliche Entwicklung betrachtest. Wenn du nicht jeden Tag Angst hast, dann tust du wahrscheinlich nicht genug, um dir selbst Angst zu machen.

Scheitern ist eine Einstellung. Wenn du scheiterst, bedeutet das nicht, dass du zurückfällst. Du stolperst vielleicht, aber du kommst immer weiter, solange du etwas tust.

Scheitern ist eine Meinung und keine konkrete Tatsache. Steve Jobs ist viele Male gescheitert. So wie Tausende von anderen "Versagern", die Dinge verändert und ihre Träume verwirklicht haben.

Entmachtige deine Perfektion, indem du dich auf kleine Aufgaben konzentrierst, die wichtig sind. Bleib im gegenwärtigen Moment. Schalte "Gehirnmeldungen" aus, die dir sagen, dass du in diesem Bereich perfekt sein musst.

Scheitern ist ein Teil des Prozesses und ein notwendiger. Lerne zu scheitern und tu es so oft wie möglich. Lass Misserfolge nicht als Entschuldigung für dein Aufgeben gelten.

KAPITEL 9

Nein sagen zu Selbstzweifeln

"Es gibt immer diesen Moment des Zweifels, bevor man den Mut fasst und ins Unbekannte springt."

- Anonym

Selbstzweifel ist ein Begriff, der einen Mangel an Vertrauen in sich selbst beschreibt. Die Wahrheit ist, dass viele Menschen an sich selbst zweifeln, wenn sie bewusst handeln und gegen die Hindernisse vorgehen müssen, die sie zurückhalten. Ihre Selbstzweifel sind nicht das Hindernis, für das sie gehalten werden; sie sind ein notwendiger Schritt, den sie durchlaufen müssen, bevor sie Erfolg haben.

Du musst nicht darauf warten, dass das Vertrauen auftaucht, bevor du etwas tust, das dir Angst macht. Du brauchst keinen Mut, bevor du handelst; du gewinnst Vertrauen, nachdem du deine Zweifel überwunden hast. Mit dem Vertrauen ist es wie mit der Motivation: Wenn wir darauf warten oder uns darauf verlassen, können wir ein Leben lang warten.

Das Selbstvertrauen kommt, wenn man handelt; wenn der erste Schritt in einer Situation Selbstzweifel ist, baut der nächste Schritt das Selbstvertrauen auf. Man hat ein besseres Gefühl dafür, was man wirklich tun kann, wenn man zuerst das tut, was getan werden muss.

Wenn du Zweifel hast, wenn du vor einer neuen Herausforderung stehst, ist das gut. Es ist ein Zeichen dafür, dass du deine Komfortzone verlässt. Du bist besorgt, dass du versagen könntest. Du riskierst, etwas zu verlieren, und indem du den Zweifel herausforderst, schiebst du ihn aus dem Weg. Wenn du an deine Zweifel glaubst und aufgibst, wird dein Gefühl des Scheiterns gestärkt; du nutzt deine Macht, wenn du dagegen vorgehst.

Selbstzweifel sind immer nur vorübergehend. Sobald du loslegst und etwas tust, sind sie verschwunden. Vielleicht tauchen sie am nächsten Tag wieder auf, aber das liegt daran, dass du wieder an deine Grenzen gehst, weitergehst und aus der angstbasierten Zone ausbrichst. Denke an alles, was du beim ersten Mal versucht hast, und du wirst dich daran erinnern, dass du voller Selbstzweifel warst.

- *Kann ich das tun?*
- *Soll ich das tun?*
- *Was ist, wenn ich das nicht tue?*
- *Was ist, wenn ich beim ersten Mal scheitere?*

Die Schleife führt zurück zur Angst vor dem Scheitern. Sie ist der alte Widersacher jeder Erfolgsgeschichte. Die Angst vor dem Scheitern ist ein Mangel an Vertrauen in den eigenen Erfolg. Wenn du dir diese Macht zu eigen machst, wirst du sie immer haben.

Menschen, die Angst vor dem Sprung haben, fürchten das Unbekannte. Du wirst die Stimmen von Menschen hören, die dich davor warnen: Diese sagen vielleicht: "Du solltest besser nicht springen. Niemand hat es je so weit geschafft." Nein - einige haben es geschafft, und sie sind die Besseren dafür.

Und sie sagen vielleicht: "Das ist riskant. Ich kenne so viele Menschen, die bei dem Versuch gestorben sind." Ja - und ich kenne viele, die gestorben sind, ohne es versucht zu haben, sich aber auf dem Sterbebett wünschten, sie hätten es versucht.

Sie sagen vielleicht: "Du weißt nicht, was es da draußen gibt." Das ist wahr. Aber wenn ich hier am selben Ort sitze und tue, was ich immer getan habe, werde ich *nie* erfahren, was da draußen ist.

Man weiß nie, was es da draußen gibt, bis man auf die Suche geht.

Als ich vor 20 Jahren mein Studium abschloss, traf ich eine gewagte Entscheidung. Damals war die Wirtschaft am Boden, und es gab nicht viele Jobs in meinem Fachgebiet. Ein Freund von mir, der im Westen in Vancouver lebte, schlug mir vor, dorthin zu ziehen, weil es dort boomte und jeder Arbeit hatte.

Ich stamme aus einer Kleinstadt, und ich will ehrlich sein: Ich war noch nie gereist oder weit von zu Hause weggezogen. Ich war sogar ziemlich entschlossen, dort zu bleiben, wo ich war. Ich hatte eine Freundin, und wir waren unsterblich ineinander verliebt. Ich wollte sie heiraten, in einem kleinen Haus leben, Kinder und ein paar Hunde haben.

Ich verbrachte die meisten meiner Tage damit, in der örtlichen Kneipe zu trinken und das Leben zu genießen. Ich hatte keine großen Ambitionen, außer mir einen Job zu suchen und in meiner Heimatstadt zu bleiben.

Aber das Angebot meines Freundes ging mir nicht aus dem Kopf. Dann schickte er mir Bilder von der Stadt. Meine anfängliche Angst, mein Zuhause zu verlassen, verwandelte sich in ein großes Interesse.

Daraus entwickelte sich ein starker Drang, etwas mehr aus meinem Leben zu machen, als nur herumzusitzen und zuzusehen, wie das Leben an mir vorbeizieht. Je mehr ich darüber nachdachte, desto aufgeregter wurde ich, aber in meinem Kopf waren viele Stimmen im Spiel. Sie hörten sich so an:

- *"Was ist, wenn du da rausgehst und es dir nicht gefällt? Dann musst du als Versager nach Hause kommen."*

- *"Was ist mit deiner Freundin, dem Haus und den zwei Hunden, von denen du gesprochen hast?"*

Die Stimmen wollten, dass ich bleibe. Sie wollten das einfache Leben. Sie wollten die Angst glauben. Aber ich wusste, dass das keine Option war.

Ich erzählte meinen Eltern von meiner Idee. Sie wussten, dass ich mehr aus meinem Leben machen wollte. Ich wusste das auch. Da war eine Kraft in mir, die nicht ruhen wollte. Man kann es "den Ruf des Schicksals" nennen oder was auch immer, aber wenn du schon einmal etwas gewagt hast, das dich zu Tode erschreckt hat, weil du wusstest, dass du es tun musst, dann weißt du, was das ist.

Ich beschloss, es zu tun. Ich hatte jeden Tag Angst. Ich legte das Abreisedatum fest. In drei Monaten war es soweit. Ich wollte es tun. In diesem Moment der Entscheidung wurde mir klar, was Mut wirklich bedeutet: einen Vertrauensvorschuss ohne Zuversicht zu bekommen, seine Zweifel zu akzeptieren und trotzdem loszulegen.

Wie Forrest Gump sagte: *"Meine Mama hat mir gesagt: 'Das Leben ist wie eine Schachtel Pralinen. Du weißt nie, was du bekommst.'"*

In diesem Leben gibt es keine Garantien. Wenn du auf eine Garantie wartest, bevor du den Sprung wagst, wirst du bis zum Ende deines Lebens warten. Nutze deine Zweifel und springe hinein, wenn du das Gefühl hast, dass es richtig ist.

Am nächsten Tag kam mein Vater mit einer Reiseroute und einem Flugticket zu mir. Er reichte es mir und sagte: "Das ist dein Ticket für ein neues Leben. Jetzt geh und mach es."

Ich hatte nicht um das Ticket gebeten. Es war ein Geschenk. Drei Monate später stieg ich voller

Zweifel und Ungewissheit in ein Flugzeug mit unbekanntem Ziel, ohne Garantien und mit 500 Dollar in der Tasche. Ich hatte ein Handgepäck mit einem Paar Jeans und Socken dabei. Es lief auf Folgendes hinaus: Ich hatte zwei Arten von Angst.

Zum einen hatte ich Angst, zu gehen und nicht zu wissen, worauf ich mich einlasse, Angst, dass es nicht klappt oder ich Heimweh bekomme.

Die andere war die Angst, in einer kleinen Stadt zu bleiben und nie die Welt zu sehen, nie zu wissen, was es da draußen gibt, und nie zu wissen, wie weit ich gehen könnte. Es war die Angst, kein Entdecker zu sein, sondern nur den ganzen Tag in einer Bar auf einem Barhocker zu sitzen und über all die Dinge zu reden, die ich "eines Tages" tun würde.

Manchmal frage ich mich, wo ich jetzt wäre, wenn meine Angst Nr. 2 nicht stärker gewesen wäre als die Angst Nr. 1. Auch hier ging es nicht darum, die richtige Entscheidung zu treffen, sondern aus der Zone herauszutreten, die Angst zu umarmen und etwas zu wagen, das ich wirklich wollte.

Wenn man keine Wahl hat, ist es die einzige Wahl.

Ich habe es auf die andere Seite geschafft und nie zurückgeblickt. Mein Angstzentrum hatte sich erweitert, und ich tat Dinge, die ich nie für möglich gehalten hatte. Jahre später zog ich nach Japan und erkundete die Tiefen Asiens. Ich reiste und erlebte Abenteuer. Aus der Angst, nicht zu wissen, was es da draußen gibt, wurde eine Leidenschaft für Entdeckungen.

Warum erzähle ich dir diese Geschichte? Weil es zwei Seiten der Reise gibt. Zwei Menschen, um genau zu sein. Du führst ein Doppelleben. Es gibt die Person, die du bist, und die Person, die du sein könntest. Vielleicht sind es Selbstzweifel, die dich zurückhalten. Du machst dir Sorgen, dass etwas Schlimmes passieren könnte. Denke daran, dass wir in einigen Jahren auf unser Leben zurückblicken und uns fragen werden: "Habe ich alles getan, was ich hätte tun können, um das bestmögliche Leben zu führen? Hat mich meine Angst davon abgehalten, ein kühnes und gewagtes Abenteuer zu erleben?"

Lektion gelernt: Es gibt keine negativen Folgen. Garantien gibt es für Autos und Geräte. Es gibt keine Garantien, dass du es schaffst, wenn du springst, aber wenn du die Chance oder das Risiko nicht eingehst, bleibst du garantiert dort, wo du bist.

Ich habe viele Jahre lang in einer "festgefahrenen Zone" gelebt. Die Angst vor dem Unbekannten sorgte dafür, dass ich dort blieb. Wenn du dich deiner Ungewissheit stellst und sagst: "Jetzt geht's los", ist dein Erfolg garantiert - egal, was passiert.

Menschen stecken fest, wenn sie an ihren Erfolgsaussichten zweifeln. Sie wägen alle Möglichkeiten ab, die guten und die schlechten, und bitten andere um Rat, was sie tun sollen. Ein Mentor hat mir einmal Folgendes gesagt:

"Die Angst ist immer dabei. Es geht nicht darum, furchtlos zu werden und dann zu handeln. Man wird furchtlos, wenn man handelt, oder zumindest fürchtet man alles viel weniger, wenn man die Initiative ergreift."

Ich betrachte den Aufbau von Vertrauen folgendermaßen: Es ist ein riesiges Puzzle, dessen Aufbau viel Zeit in Anspruch nimmt; man muss die Teile nur immer wieder zusammensetzen. Man muss *irgendwo* mit *etwas* anfangen. Es spielt keine Rolle, ob es ein Miniziel ist, einen alten Kleiderschrank auszumisten.

Zuversicht ist die andere Seite des Lebens in Angst. Menschen, die in einem permanenten Zustand der Angst leben, halten sich selbst vom

Handeln zurück. Sie denken, dass sie irgendwie den Kürzeren ziehen werden. Sie zweifeln an ihrer Fähigkeit, erfolgreich zu sein.

Du kannst dein Selbstvertrauen aufbauen, indem du dich beschäftigst. Ein früherer Mentor von mir sagte einmal: "Du wirst durch den Verstand, der zwischen deinen eigenen Ohren sitzt, zurückgehalten. Niemand außer dir übernimmt deinen Verstand. Besitze ihn und du bist frei."

Töte deine Zweifel, bevor sie deine Träume zerstören. Wenn es etwas gibt, das du unbedingt in deinem Leben tun willst und du davon abgehalten wirst, dann denke daran, dass du nicht ewig leben wirst. Mach das Beste aus dem Tag. Das ist die bessere Alternative, als die Dinge zu bereuen, die du nie getan hast.

KAPITEL 10

Mit Achtsamkeit Ängste loslassen

"Du bist der Himmel. Alles andere ist nur das Wetter."

- Pema Chödrön,
Autorin von Wenn alles auseinanderfällt

Achtsamkeit ist der magische Zustand, in dem du mit deinen tiefsten Gefühlen in Kontakt kommst, die in der Lage sind, massive Veränderungen zu bewirken. Du bist dir dessen wahrscheinlich nicht bewusst, aber du praktizierst Achtsamkeit jeden Tag auf subtile Weise.

Wenn du innehältst, um einen wunderschönen Sonnenuntergang zu beobachten, oder wenn du etwas siehst, das so schön ist, dass es dich zu Tränen rührt, oder wenn du den Schmerz eines anderen Menschen wahrnimmst und versuchst, die Hand auszustrecken und zu helfen, dann bewegst du dich in deinem machtzentrierten

Denken und verbindest dich durch Achtsamkeit mit deinem tieferen Selbst.

Achtsamkeit bedeutet, dass dein Geist im gegenwärtigen Moment verweilt. Wenn du dich auf das Jetzt konzentrierst, machst du dir keine Gedanken über die Zukunft oder bedauerst die Vergangenheit. Du bist im gegenwärtigen Moment. Mit Achtsamkeit reduzierst du deine Gedanken auf einfache Konzepte und Aufgaben, die im Moment anstehen. Das Leben wird weniger kompliziert, wenn du dich auf den Augenblick und einfache Tätigkeiten wie das Atmen konzentrierst.

Wenn ich mich dabei ertappte, dass ich mich in negativer Weise auf die Zukunft konzentrierte, z. B. aus Angst vor dem, was passieren könnte, atmete ich mehrmals tief ein. Wenn ich in die Vergangenheit zurückkehrte und mich an eine schmerzhafte Erinnerung klammerte, die Gefühle des Bedauerns auslöste, erkannte ich an, dass diese Erinnerung bereits abgeschlossen war, und brachte meinen Geist zurück in den gegenwärtigen Moment.

Wenn wir uns von der Gegenwart in die Vergangenheit oder in die Zukunft bewegen, laden wir die Möglichkeit des Leidens ein. In unseren Erinnerungen an die Vergangenheit bedauern wir die Dinge, die wir nicht mehr haben können oder die wir nie erlangt haben; in unseren Zukunftsprojektionen machen wir uns Sorgen über das, was wir vielleicht nie bekommen werden, oder wir erwarten etwas, das sich in Enttäuschung verwandeln könnte.

Die Atmung ist ein mächtiges Werkzeug der Achtsamkeit. Wenn wir uns in Zeiten von Angst oder beunruhigenden Gedanken auf unseren Atem konzentrieren können, kommen wir zur Ruhe und werden in die Stille der Welt hineingezogen.

Unser Verstand ist wie ein Schnellzug. In der einen Minute ist er in der Vergangenheit und versucht, alte, schlummernde Erinnerungen auszugraben; in der nächsten Minute ist er in der Zukunft und sagt Ereignisse voraus, die höchstwahrscheinlich nie eintreten werden.

Wenn der Verstand in der Vergangenheit oder in der Zukunft verweilt, bewegen wir uns in einer angstbasierten Denkweise. An diesen Orten können wir keine Macht oder Kontrolle haben. Wir können sie nur in der Gegenwart haben.

Es gibt nichts, was in der Vergangenheit oder in der Zukunft existiert. Dennoch kämpfen wir ständig mit uns selbst, um uns auf das Jetzt zu konzentrieren; Angst ist der Vorgang, sich nicht zu konzentrieren. Angst bedeutet, dass wir unsere Gedanken in alle Winde zerstreuen und hoffen, dass sie mit Gold zurückkommen. Das tun sie nie.

Achtsamkeit bedeutet, dass du jederzeit die Kontrolle über deine Gedanken hast. Wenn du dir deiner Gedanken bewusst bist, während sie entstehen, und sie dazu bringen kannst, sich auf das zu konzentrieren, was du dir wünschst, fällt alles andere weg. Sich auf die Atmung zu konzentrieren, ist ein so einfaches Konzept, dass die meisten Menschen übersehen.

Vielleicht ist es dir unangenehm zu meditieren, und du glaubst, dass es der richtige Weg ist, sich zu beschweren oder mit jemand anderem über deine Probleme zu sprechen. Das Gespräch über unsere Probleme und Situationen mit einem anderen ist zwar kraftvoll, aber du musst vorsichtig sein, mit wem du über deine Probleme sprichst. Wenn du zum Beispiel gewohnt bist, dich deinem besten Freund anzuvertrauen, er oder sie aber aus einem Gefühl der Angst heraus mit dir spricht, wirst du dich nach einem Gespräch noch ängstlicher fühlen.

Der Kreislauf der Angst wird sich wiederholen, und du wirst nichts erreicht haben. Aber spreche mit jemandem, der nicht urteilt und über solide

Weisheit verfügt, und du wirst mit einem besseren Gefühl nach Hause gehen. Denke daran: Angst erzeugt Angst. Achtsames Denken unterstützt eine positive Denkweise.

Selbstzweifel sind immer in einem ängstlichen Geist zu finden. Er kommt auf, wenn du in den Schatten der Vergangenheit lauerst und dir sagst: "Hätte ich doch nur ...". Oder wenn du angestrengt in die ferne Zukunft blickst und sagst: "Wenn ich doch nur ..."

Beide Zeitrahmen versetzen deinen ängstlichen Geist in höchste Alarmbereitschaft. Du fühlst dich angespannt und verängstigt. Glück, Erfüllung und Zielstrebigkeit findest du nur in dem, was du im gegenwärtigen Moment tust. Deine früheren Misserfolge - und sogar deine früheren Erfolge - haben keinen Wert mehr.

Achte auf deinen gegenwärtigen Moment. Welche Gewohnheiten baust du im Jetzt auf? Mit welchen Worten der Macht kommunizierst du gerade jetzt? Wie denkst du über die Dinge? Verbringst du deine Zeit im Moment mit etwas, das du liebst? Konzentrierst du dich auf ein Ziel, das dich gerade jetzt glücklich macht?

Achtsamkeit bedeutet, dass wir bei jeder Handlung, bei jeder Aufgabe, und sei sie noch so winzig, das Bewusstsein schärfen, sodass wir zentriert und konzentriert bleiben können.

Die Arbeit an der eigenen Leidenschaft ist eine Form der Achtsamkeit. In diesem Moment schreibe ich zum Beispiel dieses Buch. Ich könnte darüber nachdenken, wie ich es schreibe, aber das tue ich nicht. Es geschieht genau jetzt, und in der Zukunft wirst du diese Worte in Tagen oder Monaten erleben.

Was ich jetzt tue, wird sich auf die Zukunft auswirken, weil ich etwas schaffe, das ich mit anderen teilen kann, aber ich genieße es in der Gegenwart. Wenn den Lesern gefällt, was sie hier lesen, werden sie es vielleicht mit ihren Freunden teilen.

Wenn ich die Arbeit jetzt tue und nicht daran denke, sie eines Tages zu tun, verringert sich meine Angst vor dem Scheitern. Wenn ich heute an meiner Leidenschaft arbeite, wie kann ich dann scheitern?

Wenn ich meinen Tag damit verbringe, Wiederholungen im Fernsehen anzuschauen, habe ich viel zu befürchten, denn ich habe gerade 4-6 Stunden meines Lebens verloren, die ich nie wieder zurückbekommen kann. Wenn du deine Zeit damit verbringst, angstbesetzte Aktivitäten zu vermeiden, lädst du die Angst in dein Leben ein. Sie durchdringt deinen Geist, und du alterst schnell.

Achtsamkeit ist eine kraftvolle Art zu leben. Sie ist nicht nur eine Technik, die du anwendest, wenn dir danach ist; Achtsamkeit ist ein Weg zur Entwicklung von Spitzenleistungen in allem, was du tust. Wenn du dich darin übst, im gegenwärtigen Moment zu sein, werden deine angstbasierte Denkweise und deine Besessenheit von vergangenen und zukünftigen Ereignissen der Vergangenheit angehören.

Das ist der Weg der Selbstbeherrschung: Bleibe, wo du bist, und tue, was wichtig ist, während du anderen dabei zusiehst, wie sie herumrennen und versuchen herauszufinden, was in der Vergangenheit passiert ist oder was sie als Nächstes tun werden. Wenn die Welt im Chaos versinkt, wirst du mit dir selbst im Reinen sein.

Du brauchst keine jahrelange Therapie, und du musst nicht warten, bis es besser wird. Dies ist eine weitere Lüge, die du dir selbst einredest: "Die Angst wird weg sein, wenn mein Leben perfekt ist." Es wird nie perfekt sein. Das war es noch nie. Du wirst vielleicht perfekte Momente erleben, aber du wirst nie ein perfektes Leben haben.

Dieses Streben nach Perfektion ist eine weitere Art und Weise, wie der Verstand dich davon überzeugt hat, dass deine Angst irgendwann in der Zukunft kontrolliert werden kann, wenn alles gut läuft. Du kannst diesen Moment nur jetzt haben.

Wenn du dein negatives Denken stoppst und die Vollkommenheit in diesem Moment siehst, ist das alles, was es gibt. Dein Glück ist keine Sache für die Zukunft, sondern für das Jetzt. Es findet im Jetzt statt.

So belügen wir uns selbst, um ein perfektes Leben zu führen:

- *Ich werde froh sein, wenn ich endlich genug Geld habe.*
- *Ich werde glücklich sein, wenn ich den perfekten Job bekomme.*
- *Ich werde froh sein, wenn ich den Kredit endlich abbezahlt habe.*
- *Ich werde froh sein, wenn ich diesen Urlaub habe.*
- *Ich werde glücklich sein, wenn ich den perfekten Partner gefunden habe.*

Wenn du in die Ereignisse der Zukunft hineingezogen wirst, verliert die Achtsamkeit ihre Kraft. Du lebst jetzt in einem Kriegszustand mit deinem Verstand. Dies ist eine Endlosschleife, die durch den Glauben gestützt wird, dass du "eines Tages" glücklich sein wirst, aber nicht heute. Bis dieser Tag gekommen ist, wirst du in einem ängstlichen Geist feststecken.

Ein ängstlicher Geist ist ein Geist, der leidet. Sieh dir all die ängstlichen Menschen um dich herum an. Sehen sie zufrieden und glücklich aus? Leben sie ihre Träume? Wahrscheinlich haben sie einen ängstlichen Geist kultiviert, und um ihm zu entkommen, klammern sie sich an eine Zeit in der Zukunft, in der sie weniger ängstlich sein werden.

Beginne heute damit, deine achtsame Lebensweise zu praktizieren. Mach es zu einer Lebensweise und nicht nur zu etwas, das du sporadisch tust, wenn du Zeit hast. Du wirst eine tiefere Ebene des Denkens kultivieren, indem du dich auf das konzentrierst, was du heute tust, um ein besseres Morgen zu schaffen. Die Vergangenheit ist wichtig, dient aber als Erinnerung daran, wie weit du gekommen bist.

Die Zukunft baut auf dem auf, was du heute tust. Wenn du deine Zukunft vorhersagen willst, schau dir an, was du jetzt gerade tust. Wie wir bereits besprochen haben, kannst du präsent bleiben, indem du sinnlose Aktivitäten vermeidest, die dein Leben verschwenden.

Wenn du von der Gedankenlosigkeit zur Achtsamkeit übergehst, ändert sich deine Einstellung völlig. Achtsamkeit fördert ein höheres Maß an Fokus und Konzentration. Du kannst deine auf Angst basierenden Gedanken mit einem friedlichen Geist leichter einschätzen als mit einem Geist, der zu entkommen versucht.

KAPITEL 11

Dein angstbasiertes Zentrum ausbauen

"Der Geist, der einmal durch eine neue Idee gedehnt wurde,
kehrt nie wieder zu seinen ursprünglichen Dimensionen zurück.

- Ralph Waldo Emerson

Dies ist eine wirkungsvolle Strategie, die dich von einem Ort der Hilflosigkeit zu einem Ort der Macht führt. Es ist ein schrittweiser Prozess, der dir viel Spaß macht, weil er dich dazu bringt, jeden Tag etwas zu tun, das dich von bequemer Selbstgefälligkeit zu freudiger Zufriedenheit führt.

Man nennt sie die **"Big-Elastic-Strategie"** (oder **"Gummibandstrategie")**. Weißt du, wie ein Gummiband funktioniert? Dehne es die ersten paar Male, und es widersteht. Mach weiter, und schließlich dehnt sich das Band aus und deckt einen größeren Raum ab.

Wir alle leben in einem gewissen Maß an Selbstzufriedenheit. Wir nennen dies unsere "Komfortzone". Es ist der Ort, an dem Mittelmäßigkeit die Angst fördert und uns ermutigt, unter unserem Potenzial und innerhalb bestimmter Grenzen zu leben.

Wenn du in deiner Komfortzone bleibst und dich nie bemühst, diese zu verlassen und neue Möglichkeiten zu erkunden, werden deine Fähigkeiten veralten, dein Denken wird stagnieren und du wirst viele der alten Denkmuster wiederholen. Dadurch wird deine Vergangenheit wiederhergestellt, und wie das Sprichwort sagt: "Tu, was du immer getan hast, und du wirst bekommen, was du immer bekommen hast."

Du hast jetzt das Zeug dazu, deine Komfortzone zu durchbrechen. Tu etwas, das nicht bequem ist, und genieße es. Geh ein Risiko ein. Wenn ich Risiko sage, meine ich, dass du etwas tun solltest, zu dem du normalerweise NEIN sagen würdest.

Eine Freundin von mir war noch nie außerhalb des Landes gereist. Tatsächlich war es eine große Leistung, zu einem Flughafen zu gelangen. Eines Tages beschloss sie, dass ihre Angst, an einem

Ort festzusitzen und nie etwas anderes zu sehen, so groß war, dass sie ein Ticket nach Europa kaufte und zwei Wochen Urlaub machte. Sie hätte auch einfach in eine andere Stadt fliegen können, aber sie beschloss, es einfach zu tun und ans andere Ende der Welt zu fliegen.

Im Vorfeld gab es eine Menge Angst: Sie hatte Angst, als sie sich einen Reisepass besorgte, aber sie tat es; sie hatte Angst, als sie zum Reisebüro ging und den Flug buchte, aber sie tat es.

Sie sagte, sie hätte zweimal fast abgesagt.

Sie hatte Angst, als sie am Flughafen ankam und die Sicherheitskontrolle passieren musste. Aber sie *musste* es tun. Und dann änderte sich etwas. Sie sagte mir: "Als ich am Flughafen ankam und all diese Schritte hinter mir lag, wurde mir klar: Der schwierige Teil ist vorbei. Jetzt liegt der beste Teil der Reise noch vor mir!"

Das alles wäre nicht möglich gewesen, wenn sie zu Hause geblieben wäre und nur darüber nachgedacht hätte.

All diese erstmaligen Erfahrungen waren Teil der Dehnung des Gummibandes und der Erweiterung ihres angstbasierten Zentrums.

Ich habe ähnliche Erfahrungen schon oft gemacht. Aber es zum ersten Mal zu tun und dieses Gefühl des Unbehagens zu erleben, war immer Teil des Prozesses und Teil der Reise.

Tu etwas, was du normalerweise nicht tun würdest, und schon bald wirst du die Dinge tun, die du früher für unmöglich gehalten hast.

Warte nicht, bis du dich selbstbewusster fühlst, bevor du etwas unternimmst. Das Selbstvertrauen wächst, wenn du einen Fuß vor den anderen setzt und dich in die Richtung deiner Träume bewegst.

Warte nicht, bis der Zeitpunkt perfekt ist; er ist *nie* perfekt. Der beste Zeitpunkt, etwas zu tun, ist *jetzt*.

Je mehr man tut, desto mehr kann man bewältigen. Diese Welt ist voller Möglichkeiten für diejenigen, die handeln. Wenn du dein angstbasiertes Zentrum ausdehnst und dich in die Welt hinausbegibst, machst du dich selbst bereit, diese Gelegenheiten wahrzunehmen.

Es sind nicht nur die Handlungen, die dein Angstzentrum ausweiten, sondern auch deine Gedanken. In der Tat solltest du deinen Gedanken besondere Aufmerksamkeit schenken. Deine Gedanken kontrollieren deine Handlungen und Worte. Bevor du etwas tust, hast du einen Gedanken dazu. Wenn du deine

Gedanken änderst, kannst du alles andere so gestalten, dass es zusammenarbeitet.

Wir alle haben Gedanken, die in einer alten Schleife gefangen sind, und abgenutzte Glaubenssätze, die unsere Werte oder Ziele nicht unterstützen. Wenn du deine Gedanken anpasst, wird sich die Richtung deiner Absichten ändern.

Kleine Schritte in sanften Zügen

Du musst keine großen Sprünge machen, um dein angstbasiertes Zentrum zu erweitern. Jede Veränderung beginnt mit kleinen Schritten, und kleine Schritte sind leichter zu machen als große Sprünge. Es gibt viele Dinge, die du heute tun kannst, um mit dieser neuen Gewohnheit zu beginnen, deine Komfortzone oder dein angstbasiertes Zentrum zu erweitern.

Beginne mit dieser Frage: Was ist etwas, das du gerne tun möchtest, aber bisher aufgeschoben hast, weil du nicht wusstest, wo du anfangen sollst? Schreibe es jetzt auf.

Hier sind einige Beispiele:

- Anmeldung zu einem Kurs
- Eine Website erstellen oder einen Blog?

- Jemandem die Hand reichen, der "über dir" steht
- Beginn eines Sportprogramms oder Teilnahme an einem Marathonlauf
- Den Job aufgeben und von zu Hause aus selbständig arbeiten

Sobald du festgestellt hast, wovor du Angst hast, notiere dir alle Maßnahmen, die du ergreifen könntest, um diese Ziele zu erreichen. All diese kleinen Aktionen werden dein Angstzentrum erweitern.

Wenn du dich nicht unwohl fühlst, könnte es sein, dass du immer noch versuchst, auf Nummer sicher zu gehen. In diesem Fall solltest du dir etwas mehr zutrauen. Mach eine Sache auf deiner Liste, bei der du sagst: "Moment mal, bin ich verrückt?"

Ich habe viele solcher Momente erlebt. Was zunächst wie eine verrückte Idee aussah, wurde später zu einem großen Triumph.

Selbst wenn es **scheitert**.

Ich wollte schon immer Klavier spielen. Ich habe schon seit Jahren ein Klavier zu Hause stehen. Ich habe es nie angefasst. Ich würde mich überfordert fühlen, wenn ich mich daran setzen würde, weil ich die Tasten nicht kenne oder die Noten nicht lesen kann.

Eines Tages bat ich meine siebenjährige Tochter, mir eine kurze Lektion im Notenlernen zu geben. Ich nahm mir vor, jeden Tag eine Taste zu lernen. Am nächsten Tag erweiterte ich auf zwei Tonarten. Innerhalb eines Monats konnte ich ein einfaches Lied spielen. Ich konnte zwar immer noch nicht mit viel Selbstvertrauen Klavier spielen, aber einen Monat zuvor wusste ich noch nichts über Noten oder Tasten. Jetzt wusste ich etwas. Ich baue das jeden Tag ein bisschen weiter aus.

Die Angst, die ich vor diesem Thema hatte, ist ebenso verschwunden wie meine Unwissenheit.

Aktion Aufgabe

Plane deine Risiken Tag für Tag/Woche für Woche.

Zu Beginn jeder Woche halte ich eine einstündige Sitzung mit mir selbst ab, in der ich meine Ziele für die Woche plane. Ich erstelle einen Aktionsplan für jeden Tag und für das, woran ich arbeiten werde. Dazu gehört auch eine Liste von Risiken, die ich eingehen will. Wenn ich keine Angst habe, kann ich sie immer wieder anpassen, bis ich mich ängstlich fühle. Angst zu haben ist Teil des Spaßes. Dann weiß man, dass man vorhat, sein angstbasiertes Zentrum zu neuen Höhen der Ungeheuerlichkeit zu führen.

Setz dir Ziele und erstelle eine Liste mit den Maßnahmen, die du ergreifen willst, um deine Ziele zu erreichen. Ehe du dich versiehst, sind die Ziele, die du einst für unmöglich hieltest, nun deine Realität. Du hast deine Komfortzone verlassen und bist in eine neue Zone vorgedrungen, die Folgendes umfasst:

Freiheit. Persönliche Macht. Selbstvertrauen. Beherrschung.

Was unternimmst du diese Woche, um dein angstbasiertes Zentrum zu erweitern?

KAPITEL 12

Die Angst auf dem weniger befahrenen Weg annehmen

"Untätigkeit erzeugt Zweifel und Angst. Handeln schafft Vertrauen und Mut. Wenn du die Angst besiegen willst, sitze nicht zu Hause und denke darüber nach. Gehe raus und werde aktiv."

- Dale Carnegie

Wenn wir etwas gegen die Dinge unternehmen wollen, vor denen wir uns fürchten, ist der erste Schritt, die Existenz der Angst anzuerkennen. Wenn man nichts tut, erreicht man nichts, und es ändert sich nichts. Man bleibt in einem mittelmäßigen Zustand des Lebens stecken. Das Leben ist eine kurze Reise, und man sollte so viel wie möglich aus ihr machen.

Du kannst mit deiner Angst leben und sie zu deinem Vorteil nutzen, oder du kannst dich zurückziehen und verstecken und dich allen Bemühungen widersetzen, etwas zu verändern und etwas zu bewirken. Du hast die Qual der Wahl. Du kannst dich in jedem Moment entscheiden, du kannst deine Einstellung zu jeder Situation wählen und dich den Umständen anpassen.

Deine Haltung gegenüber der Situation wird eines von zwei Ergebnissen haben: Du wirst entweder durch ängstliche Gedanken gelähmt oder durch positive Gedanken zum Handeln ermutigt. Wie Dale Carnegie sagte:

"Untätigkeit erzeugt Zweifel und Angst".

Wenn du den niedrigeren Weg wählst und vermeidest, Maßnahmen zu ergreifen, indem du Widerstandstaktiken wie Ablenkung oder Rückzug anwendest, begräbst du deine Probleme nur noch tiefer.

Wir gaukeln uns vor, dass ungelöste Probleme erledigt sind, aber sie werden nie wirklich verschwinden. Menschen, die zur Prokrastination neigen, leben mit einem hohen Maß an Angst. Sie werden von den einfachsten Aufgaben überwältigt, und ihre Angst ist in

Wirklichkeit ihr Unterbewusstsein, das versucht, mit ihnen zu kommunizieren.

Wer den Weg der Untätigkeit wählt, wählt einen Weg des Leidens. Denke darüber nach. Das, was du ablehnst, bleibt bestehen. Was wir ignorieren, wird zu einer weiteren Aufgabe auf unserer mentalen To-Do-Liste, die ein unsichtbares Stressmuster erzeugt. Immer unsichtbar, aber unter der Oberfläche lauernd.

Wir gewinnen kein Vertrauen und keinen Mut, wenn wir ohne Ziel handeln.

Auf dem schwierigen Weg bleiben

Ein Freund hat mir einmal einen wirklich guten Rat gegeben, den ich mir zu Herzen genommen habe, um schwierige Situationen zu meistern: "Alles geht vorbei. Du kannst nichts tun, und es wird vergehen. Du kannst etwas tun, und die Zeit wird trotzdem vergehen. Aber wenn du etwas mit hingebungsvoller Aufmerksamkeit tust, nutzt du die Zeit in diesem Moment und erzeugst einen Tsunami des Erfolgs für alle deine zukünftigen Tage."

Scott Peck, der Bestsellerautor des Buches *Die weniger befahrene Straße*, sagte einmal:

> *"Das Leben ist schwierig. Das ist eine große Wahrheit, eine der größten Wahrheiten. Es*

> *ist eine große Wahrheit, denn wenn wir diese Wahrheit wirklich erkennen, können wir sie überwinden. Wenn wir wirklich wissen, dass das Leben schwierig ist, wenn wir es wirklich verstehen und akzeptieren, dann ist das Leben nicht mehr schwierig. Denn wenn wir es akzeptiert haben, spielt die Tatsache, dass das Leben schwierig ist, keine Rolle mehr."*

Du musst dich auf diesen schwierigen Weg einlassen, wenn du die Hindernisse überwinden willst, die dich zurückhalten. Die Schwierigkeit ist der Weg. Der Weg in die Freiheit führt durch die härtesten Tage deines Lebens. Leider ist dies nicht die Botschaft, die viele Menschen in diesen Tagen erhalten.

Das Leben sollte Spaß machen, ja, und wir sollten glücklich sein und uns amüsieren. Wir sollten diese Freude mit anderen teilen. Aber behalte deine Herausforderungen im Auge und treibe dich selbst an, die Probleme zu überwinden, die dich zurückhalten. Auf diese Weise kannst du mehr Selbstvertrauen in dein Leben bringen und dich selbst dazu befähigen, mehr zu erreichen und dich auf den Augenblick zu konzentrieren.

Die Menschen lernen, das Leben weniger zu fürchten, indem sie die Dinge tun, die sie am meisten fürchten. Wenn es einen einfacheren Weg gäbe, würde ich ihn dir geben. Falle nicht auf schnelle Tricks oder die "Überholspur" zum Erfolg herein. Ich habe diese Wege schon einmal beschritten, und sie endeten alle auf die gleiche Weise: Entweder habe ich die Hoffnung verloren oder wurde im Stich gelassen.

Ich verwende eine Technik des Reverse Engineering, wenn ich mich selbst motivieren und befähigen muss, etwas in Angriff zu nehmen. Anstatt mir den Erfolg dessen vorzustellen, was ich zu erreichen hoffe (ein neues Buch, eine Website usw.), frage ich mich: "Was sind die Konsequenzen, wenn ich das nicht zu Ende bringe?"

Wo werde ich in einem Jahr sein, wenn ich weiterhin die gleichen entmündigenden Handlungen ausübe: fernsehen, wenn ich schreiben könnte, auf Facebook spielen, wenn ich mein Online-Unternehmergeschäft aufbauen könnte, oder jedes Wochenende trinken, wenn ich Treffen mit potenziellen Kunden vereinbaren könnte?

Frage dich: "Wo werde ich stehen, wenn ich Zeit in die falschen Aktivitäten investiere?"

Ich kann dir die Antwort sagen. Du wirst noch Jahre später die gleichen Dinge tun und bereuen, dass du nicht getan hast, was du hättest tun können, um den Unterschied zu machen. Ich weiß das, weil ich Jahre damit verschwendet habe, fernzusehen, Spiele zu spielen und die falschen Dinge zu tun. Das alles änderte sich, als ich mich bewusst dafür entschied, mein Leben weiter zu gestalten.

Ich teile diese Lektionen jetzt mit dir, damit du das Gleiche tun kannst. Es gibt keine Zauberformel oder ein verstecktes Talent. Es spielt keine Rolle, wie klug du bist (oder nicht!). Was die Leute als "rohes Talent" bezeichnen, ist in Wirklichkeit harte Arbeit. Es ist leicht zu sagen: "Tu etwas, und du wirst deine Angst überwinden.

Wie du inzwischen weißt, ist das nicht einfach und erfordert tägliche Disziplin. Aber die Belohnung kommt danach. Das gute Zeug ist da draußen, aber du musst heute anfangen, danach zu graben.

Robert Frost, ein amerikanischer Dichter, sagte einmal:

"Ich habe den weniger befahrenen Weg gewählt,
und das hat den Unterschied ausgemacht.

Ich liebe diesen Ausdruck, und ich verwende ihn, um Menschen zu ermutigen, die Dinge in Angriff zu nehmen, die ihnen Angst machen, und das zu tun, was schwierig ist - unabhängig von den Hindernissen, die vor ihnen liegen. Stell dir vor, wo du in einem Jahr, einem Monat oder sogar in der nächsten Woche sein wirst, wenn du das tust, was dir *jetzt* schwerfällt. Denk an den Unterschied, den du machen wirst, nicht nur in deinem eigenen Leben, sondern auch im Leben der Menschen, denen du helfen könntest.

Der Unterschied liegt in der Anstrengung, die du für dein Lebensziel aufbringst. Wenn du vor dem wegläufst, was dir Angst macht, nimmst du vielleicht den "einfachen" Ausweg, aber das ist eine Falle.

Wenn du aufrecht stehst, dich deinen Schwierigkeiten stellst und daran arbeitest, deine Ziele zu erreichen, dann lebst du die Straße, die weniger befahren wird. Es gibt keine bessere Art zu leben, als das zu tun, was man liebt, und es gut zu tun.

Wie wirst du dein Leben auf deiner weniger befahrenen Straße leben?

Probiere diese Handlungstipps aus:

- Öffne dich und beobachte, wovor du dich fürchtest.

- Lass die Angst herein. Öffne das Fenster zu deiner Seele und akzeptiere deine Angst als eine notwendige Entität. Was ist das Schlimmste, was passieren kann?

- Denk an all die Tage, an denen du in der Angst gelebt hast, die Dinge zu tun, die du wirklich tun wolltest. Ist irgendetwas von dem, was du für so schlimm gehalten hast, wirklich passiert?

- Stell dir dein Leben am Ende vor. Sieh, wie du die Hindernisse und Ängste überwunden hast, die dich zurückgehalten haben. Stell dir vor, wie du gegen deinen größten Widersacher angetreten und gewonnen hast. Stell dir vor, wie es sein wird, wenn du mit einem Gefühl des Triumphs auf dein Leben zurückblicken kannst, weil deine Reise gut gelebt wurde.

- Gib nicht auf. Fang jetzt damit an, die eine Sache zu tun, die du schon immer mehr als alles andere wolltest.

Nimm dein ängstliches Leben an und danke deinen Ängsten dafür, dass sie dir die Möglichkeit geben, zu wachsen.

KAPITEL 12

Furcht für mehr Selbstbestimmun g nutzen

"Man gewinnt an Kraft, Mut und Zuversicht durch jede Erfahrung, bei der man wirklich innehält, um der Angst ins Gesicht zu sehen. Man ist in der Lage, sich zu sagen: 'Diesen Schrecken habe ich überlebt. Das nächste, was kommt, kann ich auch schaffen.' Du musst das tun, von dem du glaubst, dass du es nicht tun kannst."

- Eleanor Roosevelt

Wie wir in diesem Buch gesehen haben, werden unsere Ängste nicht verschwinden. Wir können sie nicht einfach beseitigen und erwarten, dass sie nicht wiederkommen. Stattdessen können wir unsere Haltung gegenüber der Angst ändern, die wir haben. Das ist der Hebel, den du auf jede ängstliche Situation anwenden kannst, die sich dir bietet.

Ich habe bereits erwähnt, dass das Eingeständnis der Existenz von Angst sehr ermutigend ist. Wenn du dich mit dem identifizieren kannst, was dir Angst macht, versetzt dich das in eine strategische Position, um etwas dagegen zu tun. Deine Bereitschaft, etwas zu tun, ist der erste Schritt.

Werfen wir nun einen Blick auf die häufigsten Ängste der Menschen und was du tun kannst, um sie zu bewältigen. Dies ist eine Form der Beseitigung deiner Ängste, damit du vorankommen kannst. Denke einfach daran, dass du immer Angst haben wirst, wenn du herausgefordert wirst.

Mache es dir zum Ziel, dich selbst so viel wie möglich herauszufordern. Tue die Dinge, die andere nicht tun wollen. Sage JA, wenn du normalerweise NEIN sagen würdest. Sage JA, wenn andere NEIN sagen. Tue etwas, das dich weiterbringt, anstatt dich zu verstecken oder dich ablenken zu lassen, um nicht weiterzukommen.

Die meisten Menschen haben Angst vor dem Sterben oder dem Kranksein. Nun, du wirst eines Tages sterben und krank werden; das ist eine Realität. Aber obwohl dies eine natürliche Angst für jeden ist, kannst du sie zu deinem Vorteil nutzen.

Es kommt darauf an, mit welcher Einstellung du die Situation angehst. Wirst du dich von der Angst, krank zu werden, beunruhigen lassen? Was kannst du tun, um diese Angst zu verringern?

Erstens kannst du dir eingestehen, dass du die Angst hast. Zweitens hast du hier eine Wahl: A) weiterhin Angst zu haben, oder B) etwas dagegen zu tun. Die meisten Menschen entscheiden sich für Schritt B, denn mit der Angst zu leben ist schmerzhaft, wenn man sich nur darauf konzentrieren muss.

Was wäre das Gegenteil von Angst, krank zu werden? Du könntest anfangen, Sport zu treiben. Dich besser ernähren. Mach deinen Körper so gesund, wie er sein kann. Wenn du das tust, wirst du dich zu sehr darauf konzentrieren, dich gut zu fühlen, als dass du Krankheit und Tod fürchten müsstest. Du wirst trotzdem eines Tages sterben, aber du kannst dein Leben verlängern, indem du jeden Tag mehr Ausdauertraining absolvierst.

Wir werden von unseren Ängsten überwältigt, wenn wir nicht wissen, was wir tun sollen. Wir beschuldigen uns selbst, feige zu sein, oder bezeichnen uns als "schwach", wenn uns das Know-how oder die Intelligenz fehlt, um alles herauszufinden. Die inneren Stimmen liefern auch überzeugende Beweise dafür, dass wir nichts als Versager sind, denen es an gesundem Menschenverstand und Weisheit fehlt, um die Dinge zu regeln.

Die Nutzung deiner Angst durch die Anwendung einfacher Strategien ist der Vorteil, den wir brauchen, um schwierige Hindernisse zu überwinden. Die Angst, die dich zurückhält, ist das gleiche Paradigma, das dir aus einer misslichen Lage heraushelfen kann.

Hier sind die Beispiele für Ängste und die Hebelwirkung, die du anwenden kannst, um alles zu überwinden, was dich festhält.

1. Angst vor Armut: Jahrelang hatte ich Angst, in Armut zu leben. Ich machte mir ständig Sorgen um Geld. Ich wusste, dass sich dies zu einer ernsthaften Angst entwickelte. Ich beschloss, etwas dagegen zu tun, indem ich mein Konto so einrichtete, dass 20 % des Gehalts auf ein anderes Konto überwiesen wurden.

Dadurch, dass ich mir das automatisch angewöhnt habe, fühle ich mich zehnmal besser mit meiner finanziellen Situation. Die Hebelwirkung besteht darin, dass man automatisch Geld spart. In 10 Jahren wirst du einen gut gefüllten Notgroschen haben. Wenn du nichts tust, wirst du in 10 Jahren immer noch nichts haben, egal wie viel du darüber nachdenkst.

Aktion Hebelwirkung: Richte dein Konto so ein, dass du mit jedem Gehaltsscheck automatisch 10 % an dich selbst auszahlst. Wir sind gestresst, wenn es um unsere Finanzen geht, weil wir unser System nicht darauf eingestellt haben. Lies David Allens Buch *Der automatische Millionär*, um zu sehen, wie man das macht.

2. Angst vor Ablehnung: Die Angst vor Ablehnung ist ein großes Hindernis, das uns davon abhält, nach Dingen zu fragen, die wir gerne hätten, Gelegenheiten zu nutzen und aus unserer Komfortzone herauszugehen. Ablehnung ist ein universelles Problem, mit dem die meisten Menschen in unterschiedlichem Maße zu kämpfen haben.

In schweren Fällen ist sie extrem lähmend. Aber Ablehnung kann überwunden werden. Du kannst deine Angst vor einem Nein überwinden und lernen, dein Leben zu lieben, indem du mehr tust, ohne Angst vor Ablehnung zu haben.

Aktion Hebelwirkung: Mach es dir zur Gewohnheit, abgelehnt zu werden. Informiere dich über Ablehnungstherapie oder lies mein Buch über Ablehnung namens *"Ablehnung zurücksetzen"*. Lass dich absichtlich abweisen und desensibilisiere dich selbst dafür. Innerhalb weniger Wochen wirst du erstaunt sein, wie die Angst verschwindet.

Zurückgewiesen zu werden ist für Millionen von Menschen ein zentraler emotionaler Schmerzpunkt. Sie verwenden tonnenweise Energie auf Aktivitäten, um Ablehnung zu vermeiden. Würden sie den umgekehrten Weg gehen und die Chance nutzen, abgelehnt zu werden, um ihre Bemühungen auf andere Bereiche zu lenken, würde sich ihre gesamte Einstellung ändern.

3. Angst vor Verlust: Dies ist die Angst, die Knappheit hervorruft, eine der größten Ursachen für Angst, die ich kenne. Aus dieser Angst heraus handeln mehr Menschen irrational als aus jeder anderen. Die Angst vor Verlust ist es, die die Menschen zum Lügen, Betrügen, Manipulieren und Stehlen verleitet.

Wenn wir mit der Angst leben, um das betrogen zu werden, was uns gehört, greifen wir zu genau den Handlungen, die wir fürchten, wenn sie uns passieren. Die Angst vor Verlust beherrscht die Gier. Sie macht die Menschen zu Geizhälsen und sie halten sich mit dem Geben zurück, weil sie fürchten, mit weniger zu leben.

Aktion Hebelwirkung: Verschenke, was du zu verlieren fürchtest. Wenn du Angst hast, die Liebe zu verlieren, verschenke sie. Wenn du Angst vor dem Verlust von Geld hast, verschenke es. Hast du Angst, dein Glück zu verlieren? Schenke jemandem einen glücklichen Moment. Was du verschenkst, darfst du behalten. Was du aus Angst festhältst, entzieht sich deinem festen Griff. Verschenk es, und du wirst nie Angst haben, es zu verlieren.

4. Angst vor Entbehrungen: Viele Jahre lang lebte ich in der Angst, weniger zu haben. Ich wollte so viele Dinge haben und beklagte mich oft über die Dinge, die ich nicht haben konnte. Dann fiel mir eines Tages ein, dass die Lösung für diese Angst so offensichtlich war.

Nach der Lektüre eines Buches von Jack Canfield mit dem Titel *"Der Aladdin-Faktor"* wurde mir klar, dass meine Angst von einer tieferen Furcht herrührte, um das zu bitten, was ich mir wünschte. Als ich das erkannte und mir die Quelle der Angst bewusst machte, konnte ich etwas dagegen tun. Also begann ich, um das zu bitten, was ich mir wünschte.

Aktion Hebelwirkung: Mach eine Liste von all den Dingen, die du dir schon immer gewünscht hast, dich aber nicht getraut hast zu fragen. Ist es mehr Liebe von jemandem? Ist es mehr freie Zeit? Wünschst du dir jemanden, der deine Autopanne repariert? Was auch immer du dir wünschst, es gibt jemanden, der es dir geben kann. Frag, und du *wirst es* erhalten. Frag nicht, und du wirst es sicher nicht bekommen.

Mach eine Liste mit deinen Ängsten. Schreib alles auf; nimm es in dein Telefon auf, wenn du möchtest. Aber schreib auf, wovor du Angst hast. Erkenne an, dass die Angst existiert. Entwickle dann einen Plan, wie du die Angst überwinden kannst.

Was wirst du tun, um diese Angst zu beseitigen? Für jede Angst gibt es eine Lösung. Du kannst deinen Hebelwirkungsplan auf alles anwenden und innerhalb weniger Tage erstaunliche Ergebnisse erzielen.

Indem du Hebelstrategien anwendest, holst du dich selbst aus einem Trott heraus und überwindest deine Komfortzone oder dein angstbasiertes Zentrum. Indem du etwas tust, anstatt dich zurückzulehnen und die Dinge so hinzunehmen, wie sie sind, drängst du dich selbst dazu, aus deinen Grenzen auszubrechen.

Das ist nicht nur ein Fortschritt, sondern eine Ermächtigung.

Du ermächtigst deine Angst, die Dinge zu tun, vor denen du Angst hast ... und du tust sie trotzdem. Indem du dir selbst Fragen stellst und eingestehst, wovor du Angst hast, kannst du Aktionsaufgaben erstellen, um sie zu überwinden.

- Hast du Angst vor Armut? Du kannst mehr Geld sparen, indem du ein automatisches Sparsystem einrichtest. Du kannst mehr an Menschen verschenken, die es brauchen. Konzentriere dich auf Gedanken der Dankbarkeit, statt auf Gedanken des "Bekommens".

- Hast du Angst vor dem Alleinsein? Du kannst dich in einer Gruppe engagieren und Freunde finden. Du kannst dich beraten lassen oder mit jemandem über deine Angst sprechen, denn es könnte ein tieferes psychologisches Problem sein.

- Hast du Angst vor Ablehnung? Du kannst versuchen, abgelehnt zu werden. Mach ein Spiel daraus.

- Hast du Angst zu versagen? Denke an eine Zeit in deinem Leben, in der du gescheitert bist. Hast du es überlebt? Bist du noch da?

Du kannst sehen, wie das funktioniert. Im vorigen Kapitel haben wir uns angeschaut, wie sich Menschen gegen Angst und Veränderung wehren. Ihr Instinkt ist es, wegzulaufen, aber das bestärkt ihre Ängste darin, stärker zu reagieren.

Wenn man der Angst mit tiefer Überzeugung entgegentritt und nicht mehr davonläuft, wird man von Natur aus selbstbewusst. Das Selbstwertgefühl wird gestärkt. Der Glaube an sich selbst wird wiederhergestellt.

Wir werden von unseren Ängsten überrollt, weil sie oft größer zu sein scheinen, als wir sind. Wir lassen uns vorgaukeln, dass wir mit dem, was passiert, nicht umgehen können oder dass es keinen Ausweg gibt.

Die inneren Stimmen fangen an zu plappern, und wir stimmen auf ihren Blödsinn ein und machen sie zur Autorität in unserem Leben. Wenn wir auf die inneren Stimmen hören, schalten wir alles andere aus, auch den gesunden Menschenverstand und die Vernunft.

Wir stützen unsere aktuellen Erfolgschancen auf die Ergebnisse der Vergangenheit.

- Ich werde immer abgelehnt werden, weil ...
- Ich werde immer versagen, weil ich immer versagt habe ...
- Ich werde nie jemanden finden, der mich mag, und ich werde den Rest meines Lebens allein verbringen, weil ...
- Ich werde keinen Erfolg haben, weil ...

Der Zug der Ausreden ist nicht zu stoppen. Du kannst diese Lügen umkehren und Maßnahmen ergreifen, um ihnen jegliche Macht zu nehmen. Wenn du das tust, ändert sich das Spiel. Aber glaube nicht nur an mein Wort.

Nur du kannst die Initiative ergreifen und deine eigene Strategie umsetzen.

Beginne, dich mit deinen Ängsten zu identifizieren. Nimm die Ängste ins Visier, die dich daran hindern, voranzukommen. Ermittle heute deine stärkste Angst und überlege dir 5-10 Schritte, die du unternehmen kannst, um ihr entgegenzuwirken. Das erfordert Übung, aber schon bald wird es zu einer starken Gewohnheit werden.

Mach es dir zur persönlichen Herausforderung, die Dinge zu tun, vor denen du Angst hast. Tu, was dir Angst macht, und du wirst ein Maß an

Selbstvertrauen und Selbstsicherheit entwickeln, das du nie zuvor hattest.

KAPITEL 13

Vertrauen in die Reise: Die letzte Wahrheit

"Ich habe einen Anzug in meinem Schrank, bei dem die Tasche ausgeschnitten ist. Er soll mich daran erinnern, dass ich nichts mitnehmen werde. Der letzte Anzug, den ich trage, wird keine Taschen brauchen."

- Dr. Wayne W. Dyer

Lass mich die letzte Wahrheit in diesem Buch mitteilen.

Du wirst eines Tages sterben.

Das kann dreißig Jahre in der Zukunft liegen, oder es könnte morgen sein. Aber Tatsache ist, dass du in einem himmlischen Körper lebst, der dazu bestimmt ist, alt und krank zu werden und zu sterben.

Wenn du dies voll und ganz akzeptieren kannst, gibt es nicht mehr viel zu befürchten.

Du musst dich an nichts festhalten und hast keine Angst, etwas zu verlieren. Du musst dich nicht mehr um deine Rechnungen kümmern, es gibt keine Fristen und niemanden, auf den du wütend sein kannst.

Du stirbst, und wenn du diesen Ort verlässt, bleibt alles zurück, was du ein Leben lang angesammelt, gelernt und geliebt hast: all deine Besitztümer und Erinnerungen, das Geld in deiner Tasche und die letzte Luft in deiner Lunge. Deine Anhaftungen und Kränkungen, Ängste und Reue - alles geht. Du kannst das alles endlich loslassen.

Du nimmst nichts mit.

Dein Besitz wird an jemand anderen gehen.

Dein Job wird an jemand anderen gehen.

Dein Haus, dein Auto und all die Dinge, die du gesammelt hast, werden an jemand anderen gehen.

Deine Gedanken, Ängste und dein Wissen werden keine Rolle mehr spielen. Diejenigen, die dich geliebt haben, werden an dem festhalten, was übrig bleibt, und du bist frei, diesen Ort zu verlassen.

Du besitzt nichts und wirst nichts haben, außer dem, was du mitnimmst.

Wovor haben wir also wirklich Angst, unser Leben zu gestalten? Wird das Festhalten an der Angst die Reise erleichtern?

Wenn man sein Leben auf die nackte Essenz dessen reduziert, was es wirklich bedeutet, sein Leben zu leben, stellt sich ein intensives Gefühl der völligen Verletzlichkeit ein. Wenn man nachts zum Mond und zu den Sternen aufblickt und darüber nachdenkt, dass sie seit Milliarden von Jahren da sind und dass es jenseits des Weltraums Millionen anderer Galaxien gibt, die dieser vielleicht ähnlich sind, schrumpfen die eigenen Probleme auf eine unbedeutende Größe zusammen.

Du kannst deine Welt als einen kleinen Teil eines kleineren Ganzen sehen.

Ich frage dich also noch einmal: *Wovor hast du Angst?*

Ich glaube, dass viele Menschen Angst haben, dass sie sterben und nie etwas Gutes aus ihrem Leben berichten können. Sie haben Jahre damit verbracht, Jobs und Gehaltsschecks zu ergattern und hart zu arbeiten, um Dinge zu bezahlen, die sie eigentlich gar nicht brauchten. Und was nun? Was spielt das am Ende für eine Rolle?

Wir stellen uns entscheidende Fragen, die unser Leben verändern: Was habe ich Gutes getan? Welchen Unterschied habe ich gemacht? Gibt es keine zweiten Chancen? Wird man sich an mich erinnern? Wie wird man sich an mich erinnern?

Ich kannte einmal einen Mann, bei dem Krebs im Endstadium diagnostiziert wurde. Auch seine beiden Kinder hassten ihn. Er gab zu, dass er kein besonders guter Vater war und seit Jahren nicht mehr mit ihnen gesprochen hatte. Aber als er erfuhr, dass er unheilbar krank war, schrieb er jedem von ihnen einen Brief, in dem er ihnen sagte, wie sehr er sie liebte und wie sehr er sich wünschte, ein besserer Vater gewesen zu sein. Er konnte in dem Wissen sterben, dass er in diesen letzten Tagen wenigstens etwas getan hatte, anstatt diese negativen Gefühle zurückzulassen.

Jeden Tag sehen wir Prominente, Präsidenten und Menschen von großem Reichtum und Ruhm diese Erde verlassen. Sie hinterlassen ein Vermächtnis, dem einige wenige folgen werden, bis auch sie schließlich vergessen werden.

Die Zeit hat ihre eigene Art, alle Dinge zu zerstören.

Viele von uns leben jeden Tag so, als wäre es ein ganz normaler Tag. Wir denken nicht über unseren Tod nach, es sei denn, wir sind mit einer vorher diagnostizierten unheilbaren Krankheit konfrontiert oder befinden uns in einer gefährlichen Situation. Wenn man das Leben als ein zeitlich begrenztes Geschenk betrachtet und nicht als etwas, das man vergeuden sollte, verbindet man sich auf einer tieferen Ebene mit seiner menschlichen Seite.

Du schätzt die Liebe in einer Beziehung. Du schätzt deine Zeit an einem freien Tag und tust so viel, wie du kannst. Du schätzt die Arbeit, die du tust. Du schätzt die Menschen in deinem Leben und all die kleinen Dinge, die dich verrückt gemacht haben. Du schätzt deine Erinnerungen - die guten und die schwierigen.

Schau zu den Sternen und denke an all das, was da draußen ist. Schau in dein Inneres und sieh, was da alles drin ist. Schieb deine Anhaftungen in den Hintergrund deiner Gedanken. Sie sind Illusionen, die keine Kontrolle über dich haben, es sei denn, du erlaubst es ihnen.

Anhaftungen an Dinge sind nicht real. Alles, was du hast, egal wie viel du hast, gehört irgendwann jemand anderem. Wenn man "kauft, um zu besitzen", mietet man nur für eine kurze Zeit.

Leg deine Ängste vor Krankheiten ab. Warum solltest du dich sorgen, wenn du weißt, dass du sterben wirst? Du wirst es. Du wirst krank werden. Dein Körper, das Gefäß für deine Seele, wird, egal wie stark es ist, eines Tages nachlassen und versagen.

Das Beste, was du für dich selbst tun kannst, ist, dich um das zu kümmern, was du hast. Hast du Angst, krank zu werden? Iss mehr gesunde Lebensmittel. Beweg dich. Atme tief zehn Mal am Tag ein. Halte deinen Stresspegel niedrig. Konzentriere dich auf positive Gedanken. All diese Dinge, die für dich selbstverständlich sind, können dein Leben verlängern und, besser noch, deinem Lebensstil Qualität verleihen.

Schaffe Gedanken der Dankbarkeit, nicht dafür, wie viel du in deinem Leben erworben hast, sondern dafür, wie viel du verschenken durftest.

Verschenke also alles, was du kannst.

Erwarte dafür keine Gegenleistung.

Wenn etwas zurückkommt, verschenke auch das.

Lass das Leid los, an dem du festgehalten hast.

Lass es einfach los.

Steve Jobs sagte einmal:

> *"Wir haben nicht die Möglichkeit, so viele Dinge zu tun, und jeder sollte wirklich ausgezeichnet sein. Denn dies ist unser Leben. Das Leben ist kurz, und dann stirbt man, verstehst du? Und wir alle haben uns dafür entschieden, dies mit unserem Leben zu tun. Also sollte es besser verdammt gut sein. Es sollte sich lohnen."*

Die Fragen, die du dir stellen musst, sind also folgende:

- *Was wirst du von nun an mit deinem Leben anfangen?*
- *Wirst du anders leben als heute?*
- *Wirst du deine Tage mit Freude füllen oder wirst du dich weiterhin sorgen, fürchten und Ängste erleben?*
- *Bist du bereit, dein Leben selbst zu wählen und es nicht für dich entscheiden zu lassen?*
- *Wirst du den Rest deiner Tage in dem Wissen verbringen, dass du ein wichtiger Mensch sein kannst?*

Mittelmäßigkeit gibt es nicht im Tod. Sie muss auch nicht existieren, während man lebt.

Thich Nhat Hanh sagte:

> *"Wir müssen uns von der Vorstellung befreien, dass wir nur unser Körper sind, wenn wir sterben. Wenn wir verstehen, dass wir mehr sind als unsere physischen Körper, dass wir nicht aus dem Nichts gekommen sind und nicht im Nichts verschwinden werden, sind wir von der Angst befreit."*

Du kannst es tun. Du bist frei zu wählen, du bist frei zu sein, und du gehörst zu nichts und niemandem.

Nimm dein Leben an.

Lebe so, als ob du kein Leben mehr hast, das du leben kannst.

Lebe es einmal und tue alles, wovon du schon immer geträumt hast, ohne Angst oder Reue.

SCHLUSSFOLGERUNG

Meistere deine Angst

"Angst kommt von Unsicherheit. Wenn wir absolut sicher sind, ob wir etwas wert sind oder nicht, sind wir fast unempfindlich gegen Angst.

- William Congreve

Wir sind am Ende des Buches angelangt. Bevor wir uns trennen, möchte ich dir noch ein paar letzte Gedanken mit auf den Weg geben. In meiner kurzen Zeit auf diesem Planeten habe ich einige Dinge über den Umgang mit der Angst gelernt, die ich mit dir teilen möchte.

Wir alle haben Angst. Das ist einfach ein Teil unserer Menschlichkeit. Aber sie muss dich nicht entmachten. Du kannst die Verantwortung übernehmen, indem du NEIN zu deiner Angst sagst.

Du wirst immer Angst haben. Ich habe viele Bücher zu diesem Thema gelesen, und einige Leute behaupten, dass man die Angst loswerden kann. Das weiß ich nicht, aber ich weiß, dass

Angst wie jedes andere Gefühl ist. Man kann sie beherrschen, wenn man sie nicht ignoriert.

Erkenne an, dass du Angst hast, und dann kannst du mit den Techniken, die wir in diesem Buch behandelt haben, deine Angst nutzen, um deine Situation zu kontrollieren.

Jeder Mensch hat vielfältige Ängste in verschiedenen Bereichen seines Lebens. Manche Menschen haben Angst davor, krank zu werden, und andere fürchten sich vor dem Bankrott. Vielleicht hast du Angst vor einer Präsentation, die du halten sollst, oder vor dem ersten Treffen mit jemandem, den du wirklich magst. Was auch immer es ist, die Angst ist Teil des Kurses und du kannst damit umgehen. Du wirst sie überwinden, wenn du dich ihr stellst.

Die Angst ist nicht dein Herr, sondern du selbst. Ich weiß, dass es leicht ist, sich von den Dingen, die uns Angst machen, kontrolliert zu fühlen, vor allem, wenn es darum geht, sie zu tun. Aber das ist der beste Weg, seine Ängste zu überwinden: indem man sich auf den Weg macht und etwas tut, auch wenn es sich überwältigend anfühlt.

Die Frage ist nun: Was wirst du mit dem tun, was du in diesem Buch gelernt hast? Wirst du es einfach hinter dir lassen und etwas anderes lesen? Oder wirst du über deine Angst nachdenken und beschließen, etwas dagegen zu tun?

Denke daran, dass du nicht alles auf einmal tun musst. Nimm dir einen Bereich in deinem Leben vor, den du in Angriff nehmen möchtest, und tue einfach etwas dagegen. Mach eine Aktionsliste, auch wenn es sich nur um "kleine Schritte" handelt. Der Schlüssel ist der Schwung, wie wir bereits besprochen haben.

Hier sind 5 einfache Hinweise:

- Bilde eine Beziehung zu deiner Angst.
- Baue Vertrauen in deine Fähigkeiten auf, indem du das tust, wovor du Angst hast.
- Streng dich jeden Tag ein bisschen mehr an.
- Scheitere so oft du kannst. Desensibilisiere dich selbst dafür.
- Akzeptiere dein Leben; lebe jeden Tag, als wäre es dein letzter.

Gib! Gebt! Gib her!

Menschen, die in Angst vor dem Leben leben, verpassen eine Menge Geschenke, die sie zu bieten haben. Wenn wir zulassen, dass die Angst unser Leben bestimmt, wirkt sie sich auf alles aus, von sozialen Interaktionen bis hin zur Nutzung einmaliger Gelegenheiten im Leben. Wenn unser Verstand durch angstbasiertes Denken verdorben ist, halten wir daran fest, weil wir Angst haben, loszulassen.

Anstatt unseren Reichtum, unsere Liebe und unsere Weisheit mit anderen zu teilen, halten wir aus Angst, sie zu verlieren, daran fest. Man kann nicht verlieren, was man nicht hat, und man kann das, was man hat, nicht voll schätzen, wenn man es aus Angst vor dem Verlust festhält. Das ist ein zweischneidiges Schwert. Wenn du frei sein willst, musst du bereit sein, zu geben.

Wir versuchen, unsere Macht zu erhalten und zu bewahren, indem wir uns an Dinge klammern, die uns letztendlich kontrollieren. Wir halten zum Beispiel an unserem Geld fest, als ob es uns gehören würde. Denk daran: leere Taschen. Alles, was du besitzt, ist nur für den Moment in deiner Gegenwart. Irgendwann wird es dich verlassen.

Die Ängste der Menschen sind irrational, wenn sie sie aus einer nicht wertenden Position heraus betrachten können. Knappheitsdenken nimmt uns die Fähigkeit, einen Teil von uns selbst zu teilen.

Anstatt Menschen zu helfen, fürchten wir uns davor, ihnen die Hand zu reichen, falls sie uns ausnutzen. Anstatt zu loben, üben wir Kritik; anstatt Liebe zu teilen, handeln wir im Zorn. Anstelle von freundlichen Worten geben wir Worte von uns, die verletzen.

Wenn wir alles aus unserer angstbasierten Denkweise heraus betrachten, durchdringt dies unsere Persönlichkeit und beeinträchtigt unsere charakterliche Qualität. Wie Ebenezer Scrooge leben wir, um das zu verteidigen, was uns gehört, und sehen andere als Schmarotzer an, die uns unser Eigentum wegnehmen wollen. Was wir mit unserer Angst beschützen, wird zu unserem Eigentum. Was wir verteidigen, wird unser Feind.

Ängstliche Menschen halten ihr Geld fest, damit sie es nicht verlieren.

Ängstliche Menschen halten Liebe zurück, bis sie selbst Liebe bekommen. Sie denken: "Ich gebe nur, wenn du gibst."

Ängstliche Menschen lösen sich gefühlsmäßig von ihren Mitmenschen und hängen mehr an dem, was sie schützen wollen.

Wenn sie etwas geben, dann nur, weil sie etwas dafür bekommen wollen. Das ist kein Geben, das ist Wucher. Sie sind bereit, das, was ihnen gehört, zu verleihen, solange sie es mit Zinsen zurückbekommen.

Wenn du dich darauf konzentrierst, das abzugeben, wovor du Angst hast, entscheidest du dich dafür, deine Macht zurückzuerobern. Im Laufe der Jahre hat die Definition von "Macht" ihre Bedeutung verloren. Uns wird beigebracht, dass Geld Macht bedeutet, dass Kontrolle Macht bedeutet und dass es Macht bedeutet, eine bessere Ausbildung zu haben, mehr zu besitzen und beliebt zu sein. Aber ist das wahr?

Einer meiner früheren Mentoren sagte einmal zu mir: "Setze niemals deinen Glauben oder deine Zukunft in etwas, das über Nacht verschwinden kann. Glaube nie an etwas, das dir nicht gehört."

Der Glaube an große, magische Momente

Wenn es etwas gibt, das du aus diesem Buch mitnehmen sollst, dann ist es diese Botschaft:

Glaube an deine Träume, auch wenn das Leben beschissen ist und du das Gefühl hast, aufzugeben. Du wirst viele Tage wie diesen haben, aber wenn du daran arbeitest, deine Angst zu reduzieren, indem du die Dinge tust, die dir am meisten Angst machen, wirst du eines Tages auf dein Leben zurückblicken und dich fragen, *was das überhaupt für ein Problem war.*

Ich habe in meinem Leben viele Dinge getan, die ich früher für unmöglich gehalten hätte. Wenn du das Unmögliche tust, bist du auf dem richtigen Weg.

Solange du weiter vorankommst, wirst du nie mit dem Bedauern leben müssen, wenn du zurückblickst und sagst: "Hätte ich doch nur den weniger befahrenen Weg genommen."

Nein, nicht du. Ich möchte, dass du am Ende deiner Reise sagst: "Ich bin froh, dass ich mich dafür entschieden habe."

Lebe jeden Tag deinen großen Zauber. Das bedeutet, dass du immer weiter vorankommen und dich weiter anstrengen musst. Warte nicht auf Motivation oder den perfekten Moment. Du wirst ewig warten, während das Leben an dir vorbeizieht.

Nimm dir an den Tagen, an denen du dich ausruhen und nachdenken musst, diese Zeit für dich selbst. Wir müssen innehalten, nachdenken, bewerten und unsere Reise planen, genauso wie wir sie gehen müssen.

Wie Lao Tzu sagte:

"Eine Reise von tausend Meilen beginnt mit einem einzigen Schritt".

Welchen Schritt machst du heute? Welchen Schritt wirst du morgen tun? Wenn es dir an Selbstvertrauen fehlt, schau dir die erfolgreichen Menschen an, die du kennst und die an ihren Fähigkeiten und Erfolgschancen gezweifelt haben. Du kannst diese Menschen überall um dich herum sehen. Es spielt keine Rolle, wer sie sind.

Einer meiner größten Vorbilder war Bruce Lee. Er stammte aus ärmlichen Verhältnissen und hatte mit vielen Widrigkeiten zu kämpfen, um dorthin zu gelangen, wo er hinwollte.

Bruce Lee sagte:

> *"Das Leben ist nicht ohne Grund hart, denn wir sind darauf ausgelegt, harte Arbeit und Anstrengung zu schätzen. Nichts, was wir je geschätzt haben, war umsonst. Mit der Schwierigkeit kommen Charakter, Stärke, Demut und Ausdauer. Wenn du mehr davon haben willst, dann wünsch dir mehr davon."*

Bleib in deinen Bemühungen beharrlich. Wisse genau, was du willst. Erkenne dann die Ängste, die dich davon abhalten, Maßnahmen zu ergreifen, wenn du spürst, dass der Widerstand dich zurückhält.

- Hast du Angst, einen Anruf zu tätigen?
- Ist es eine Beziehung, die erst enden muss, bevor du weiterziehen kannst?
- Ist es dein innerer Kritiker, der dir Lügen über deinen Selbstwert auftischt?
- Handelt es sich um ein technisches Problem, z. B. die Verwendung einer bestimmten Software?

Nichts ist einfach, aber es ist auch nicht unmöglich. Alles scheint schwierig zu sein, bis man anfängt, es zu tun.

Dein großer, magischer Moment ist, wenn du die Ergebnisse deiner Bemühungen siehst. Aber es geht nicht nur um das Ergebnis. Es sind die kleinen Schritte auf dem Weg dorthin. Diese eine schwierige Stelle, die du umschiffen musstest, bevor du die nächste Etappe erreichen konntest. Davon gibt es viele. Jede davon ist eine kleine Herausforderung für sich, aber nur so kommt man von hier nach dort.

So arbeitest du mit deiner Angst, anstatt dich von ihr festhalten zu lassen. Das ist die Definition von Erfolg.

Wie Susan Jeffers, die Bestsellerautorin von *Fühle die Angst und tu es trotzdem,* sagte:

"Jedes Mal, wenn du das Geschenk in den Hindernissen des Lebens sehen kannst, kannst du schwierige Situationen auf eine lohnende Weise bewältigen. Jedes Mal, wenn du die Gelegenheit hast, deine Fähigkeit, mit der Welt umzugehen, zu erweitern, wirst du stärker."

Fordere dich selbst dazu auf, heute nur eine Sache zu tun, die dein angstbasiertes Zentrum vergrößert. Lass deinen Widerstand herein. Fühle ihn, wenn er sich dir in den Weg stellt.

Lass auch die Selbstzweifel zu. Erkenne ihre Anwesenheit an. Achte auf die Sprache, die du verwendest, um deine Selbstzweifel zu bestärken. Stimmst du mit dem überein, was dein Verstand sagt?

Der Einzige, der die Kontrolle darüber hat, bist du. Du wählst deine Gedanken. Niemand sonst hat das Sagen. Das ist äußerst ermutigend, wenn du erkennst, wie viel Kontrolle du wirklich hast. Wenn du dich hilflos oder schwach fühlst, hat das nur sehr wenig mit äußeren Kräften zu tun.

Erinnere dich, Viktor Franklyn war von den härtesten Bedingungen auf der Erde umgeben und der Tod war in jedem Moment seines Daseins nahe; selbst dann erkannte er, dass er eine Wahl hatte.

Wir haben alle die gleichen zwei Möglichkeiten.

Triff deine Wahl.

Tu es oder nicht.

Lebe dein Leben oder nicht.

Du kannst entscheiden, ob du große Magie in dein Leben bringen willst oder ob du dich mit einem kleinen Flüstern dessen zufrieden gibst, was hätte sein können.

Ich hoffe, dass du einige wertvolle Einblicke in den Umgang mit deiner Angst gewonnen hast und bereit bist, diese in die Tat umzusetzen.

Ich wünsche dir viel Erfolg, und wir sehen uns bald wieder ... entweder hier oder dort.

Scott Allan

Über Scott Allan

Scott Allan ist ein internationaler Bestsellerautor von mehr als 25 Büchern, die in über 12 Sprachen veröffentlicht wurden und sich mit persönlichem Wachstum und Selbstentwicklung befassen. Er ist der Autor von **„Fail Big“**, **„Undefeated“** und **„Do the Hard Things First“**.

Als ehemaliger Business-Trainer in Japan und **Transformational Mindset Strategist** hat Scott über 10.000 Stunden Forschung und Lehrcoaching in die Bereiche Selbstbeherrschung und Führungstraining investiert.

Mit seiner unermüdlichen Leidenschaft für das Unterrichten, den Aufbau wichtiger Lebenskompetenzen und die Inspiration von Menschen auf der ganzen Welt, ihr Leben selbst in die Hand zu nehmen, hat sich Scott Allan einem Weg der **ständigen und nie endenden Selbstverbesserung** verschrieben.

Viele der Erfolgsstrategien und Materialien zur Selbstermächtigung, die das Leben auf der ganzen Welt neu erfinden, stammen aus Scott Allans 20-jähriger Praxis, in der er Führungskräften, Privatpersonen und Geschäftsinhabern wichtige Fähigkeiten vermittelt hat.

Weitere Bücher von Scott Allan, jetzt auf Deutsch erhältlich

Scott Allan
PUBLISHING
MASTER YOUR LIFE ONE BOOK AT A TIME

www.ingramcontent.com/pod-product-compliance
Lightning Source LLC
Chambersburg PA
CBHW021617270326
41931CB00008B/738

* 9 7 8 1 9 9 8 2 2 7 4 5 7 *